Wie
Gedankenübertragung
unser
Zusammenleben
steuert

Claude Nivrous

Wie
Gedankenübertragung
unser
Zusammenleben
steuert

JUTTA SEEMKE VERLAG

Nivrous, Claude:
Wie Gedankenübertragung unser Zusammenleben steuert

© 2002 beim JUTTA SEEMKE VERLAG, 34497 Korbach

Alle Rechte liegen beim JUTTA SEEMKE VERLAG, Korbach. Jede Vervielfältigung, Mikroverfilmung, Übersetzung, sowie jeder Nachdruck (auch auszugsweise) und / oder die Einspeicherung und Verarbeitung in elektronischen Systemen ist ohne die schriftliche Zustimmung des Verlages unzulässig.

Herstellung: Books on Demand GmbH, Norderstedt

Printed in Germany.

ISBN 3-9808423-0-4

Inhalt

Worum es geht ... 7

1. Entdecken Sie jetzt Ihr Mentales Feld ... 10

2. Wie unsere Gehirne miteinander „reden" ... 27

3. Warum andere Sie so sehen, wie Sie sich selbst sehen ... 35

4. Ändern Sie Ihr Selbstbild und kommunizieren Sie damit! ... 43

5. Die Tyrannei fremden Bewusstseins ... und wie Sie sich ihr entziehen können ... 72

6. Manipulation – oder: kann ein Rapport „erzwungen" werden? ... 98

7. Gedankenübertragung ist nichts Besonderes ... 108

Alle Übungen in diesem Buch sind in der Praxis erprobt. Bei vorhandenen Problemen im körperlichen, psychischen und mentalen Bereich können sie Rat und Unterstützung eines Arztes nicht ersetzen.

Autor und Verlag übernehmen keine Haftung für Schäden, die der Leser sich selbst oder anderen durch Anwendung oder Missbrauch von Übungen und Methoden aus diesem Buch zufügt.

Worum es geht...

Nehmen wir an, Sie sind freundlich und nett zu Herrn Jedermann...

...aber Sie spielen es nur. Jeden Tag neu. Und Sie spielen es perfekt – eine schauspielerische Glanzleistung. Aber innerlich sagen Sie aus Überzeugung: „Herr Jedermann ist ein widerliches Arschloch...!"

Sind Sie sicher, dass er nichts von Ihren wahren Gedanken merkt?

Sie sagen: „Natürlich nicht! Meine Gedanken entstehen in meinem Gehirn. Sie kreisen da irgendwie in den Nervenzellen, wie der Strom im Kupferdraht. Das weiß doch jeder! Wie sollen sie da heraus kommen? Wie könnten sie ins Gehirn von Herrn Jedermann gelangen?"

Scheinbar gibt uns die tägliche Erfahrung Recht: Wir denken ständig, was wir wollen ... aber niemand reagiert darauf. Wir lassen unseren Gedanken und Gefühlen freien Lauf, Tag für Tag, Stunde für Stunde ... und nichts geschieht. Wir beleidigen in Gedanken den Nachbarn, den miesen Kollegen oder den Polizisten ... aber keiner zeigt uns an. Wir bringen in unserer Fantasie hundert mal einen verhassten Menschen um ... und kein Gericht der Welt verurteilt uns.

Fragt Sie jemand: „Was denke und fühle ich gerade?", sagen Sie: „Keine Ahnung...". Schließlich wissen Sie umgekehrt auch nicht, was dem anderen gerade durch den Kopf geht.

Und wenn wir einen Wissenschaftler fragen, ist dessen Aussage ähnlich: „Gedanken und Bewusstsein sind reine Hirnvorgänge. Die Inhalte Ihres Bewusstseins können nicht irgendwo außerhalb

Ihres Kopfes „umherschwirren". Wie sollte also jemand etwas davon erfahren?"

Genau darum geht es in diesem Buch. Seine Botschaft ist – trotz aller eben aufgezählten Erfahrungen - eine ganz andere:

Die Überzeugung vom „Geist im Kopf" ist ein Märchen

... ein Irrtum, ein moderner Aberglaube, eine Massensuggestion. Es ist die moderne Variante vom Glauben an die Erde als Scheibe.

Schon im nächsten Kapitel werden Sie erkennen: *Ihr Bewusstsein ist ein Mentales Feld, das Ihr Gehirn umgibt, wie das Licht die Kerze ... oder wie das Magnetfeld den Magneten.*

Und mit diesem Feld sendet Ihr Gehirn Informationen durch den Raum - wie eine Lampe das Licht. Begegnen Sie anderen Menschen, durchdringen sich diese Mentalen Felder – und die Gehirne „reden" miteinander. Stumm und unsichtbar. Nicht gewaltsam - eher sanft ... aber beharrlich. Oft unwiderstehlich.

Ihr Gehirn ist wie ein Radiosender, der seiner Umwelt ganz nebenbei mitteilt: „Ich bin ärgerlich... ich mag dich... ich bin stark ... ich fühle mich nicht gut..." - oder was auch immer. Ganz selbstverständlich. Und mühelos...

Sind Sie bereit für eine neue Dimension Ihrer Kommunikation?

Dann befreien Sie mit diesem Buch Ihr Bewusstsein aus den Zellen Ihres Gehirns. Entwickeln Sie Ihr Mentales Raumfeld. Machen Sie Ihr „Ich" vom Bewohner des Kopfes zum Bewohner des Raumes. Dann sind Sie mental so wirklich im Raum, wie die Luft, die Sie atmen. Dann können Sie auch mit diesem Mentalen Feld kommunizieren – auf ganz eigene Art und Weise.

Damit keine Missverständnisse aufkommen: Natürlich werden Sie auch zukünftig nicht auf Rhetorik, Körpersprache, NLP-

Techniken und all die bekannten Varianten der Kommunikation verzichten können. Das ist auch gar nicht Absicht dieses Buches.

Nein - Sprache und Körpersprache in ihren zahllosen Varianten sind und bleiben die Hauptmittel unserer Verständigung. Es wäre naiv zu glauben, wir könnten darauf verzichten und zukünftig allein durch unser Bewusstsein kommunizieren.

Es geht nicht darum, die bisherige Kommunikation durch eine neue zu ersetzen, sondern die bisherige zu erweitern, zu verbessern, zu optimieren und zu verstärken.

Kommunikation ist nun mal mehr, als miteinander reden.

Viel mehr.

Kommunikation ist auch der wortlose Austausch von Gedanken und Gefühlen. Und es ist die stumme Botschaft Ihres Selbstbildes, das als unsichtbares, nicht-physikalisches Feld durch den Raum wandert, lautlos das Bewusstsein anderer berührt und Wahrheiten über Sie erzählen kann, die Sie eigentlich für sich behalten wollten...

Natürlich können Sie auch weiterhin kommunizieren, wie bisher. Aber eins ist sicher: wenn Sie die „Sprache" Mentaler Felder ignorieren, verzichten Sie auf Chancen, Ihren Einfluss zu verstärken. Denn egal, wie rhetorisch perfekt und professionell Sie mit anderen umgehen: Sie können Ihre Beziehungen durch Gedankenübertragungen noch verbessern. Sind Sie bereit?

1. Entdecken Sie jetzt Ihr Mentales Feld

*Alles was wir von der Welt wissen,
war zuerst in unseren Sinnen*

Die Augen tasten „die Welt" ab und melden: so sieht sie aus. Die Ohren nehmen Luftschwingungen auf und sagen: so plärrt die Stimme des Chefs. Und die Nase reagiert auf umherschwirrende Moleküle und zeigt Ihnen: so duftet das Parfum...

Aber Sinnesorgane allein erkennen nichts von der Welt. Dazu ist das Gehirn nötig. Die Nachrichten von der Welt würde Ihnen verborgen bleiben, wenn Ihre Augen keine Signale in Ihr Gehirn schicken – kurz: Ihr *Gehirn* bildet die Welt ab, die Sie kennen.

Angenommen, vor Ihnen liegt eine Kugel. Sie richten Ihre Augen darauf und erkennen sie. Aber was Ihnen dabei als ein einziger Vorgang erscheint, hat in Wahrheit einen komplizierten Prozess aus ganz unterschiedlichen Phasen durchlaufen. Grob schematisch können wir ihn in vier Etappen einteilen:

1. Die Kugel reflektiert das Licht der Umgebung und sendet Lichtstrahlen in Ihre Augen.
2. Ihre Augen reagieren auf die Lichtbotschaft und wandeln sie in Nervensignale um.
3. Diese Nervensignale wandern als codierte Botschaft von den Augen in Ihr Gehirn.
4. Ihr Gehirn konstruiert daraus das Abbild der Kugel.

Jetzt erst sagen Sie: „Ich sehe eine rote Kugel vor mir...!"

So geht es uns mit allem, was wir erkennen. Wir sehen das gelbe Kleid, den blauen Himmel oder das bunte Bild nicht, weil unsere Augen darauf gerichtet sind, sondern weil unser Gehirn es für uns abgebildet hat. Das *Gehirn* sagt uns, wie die Welt um uns herum beschaffen ist, ob sie bunt oder grau ist, ob sie laut oder leise ist, hart oder weich.

Die Sinne liefern nur den „Rohstoff" für unsere Wahrnehmungen an das Gehirn: Nervensignale – und allein aus diesem Rohmaterial konstruiert das Gehirn die Farben, Klänge und Gerüche der Welt. Danach erkennen wir alles um uns herum, und dann sagen wir: „Ich erkenne die Welt...".

Vorher nicht.

Gewöhnlich denken wir über diese Vorgänge gar nicht nach. Wir müssen es auch jetzt nicht ins kleinste Detail tun. Die vier groben Etappen unserer Wahrnehmungen reichen aus, das Mentale Feld zu entdecken. Denn wichtig ist vor allem die Antwort auf die Frage: *Wann* wissen wir zum ersten mal von der Welt?

Stellen Sie sich vor, Sie liegen entspannt in einer Liege im Garten und dösen vor sich hin. Plötzlich donnern einige Lkw mit heulenden Motoren an Ihrer Ruhestatt vorbei: Wann hören Sie zum ersten mal den Krach der LKWs? Wenn die Luftschwingungen Ihre Ohren erreicht haben? Wenn Ihre Ohren diesen Schall in Nervensignale verwandelt haben? Oder wenn Ihr Gehirn die Signale Ihrer Ohren in das Getöse verwandelt hat, das Ihre Ruhe stört?

Kein Weg geht daran vorbei: Erst *nachdem* Ihr Gehirn aus den zahllosen Nervensignalen Ihrer Ohren die lauten Motorgeräusche konstruiert hat, hören Sie etwas. Dann erst sagen Sie: "Welch ein Krach!".

Ohne Gehirn keine Wahrnehmungen. Sie können die Augen eines Falken haben: wenn Ihr Gehirn ausgeschaltet ist, erkennen Sie nicht mal Ihre Hand vor Augen. Und Ihre Ohren können die schönsten Melodien aufnehmen: ohne Mitarbeit Ihres Gehirns hören Sie nichts davon.

Das führt uns zu einer wenig beachteten Merkwürdigkeit:

Unsere Welt entsteht „im Kopf" – aber niemand erlebt diese Welt in seinem Kopf!

Wenn unser Gehirn die Welt für uns abbildet: warum erkennen wir diese Welt dann nicht im Gehirn? Warum hören Sie das Knattern der LKW draußen auf der Straße, wenn dieses Knattern in Ihrem Gehirn entstanden ist?

Die Welt ist für uns ganz selbstverständlich im Raum. Wir sehen die Kugel vor unseren Augen, hören die Stimme des Chefs neben uns – und denken nicht daran, dass alles „in unserem Kopf" entstand. Alles ist das Produkt unseres Gehirns! Was auch immer unsere Augen blendet, in den Ohren dröhnt oder die Nase belästigt: wir wissen erst davon, nachdem unser Gehirn dieses Wissen bereit gestellt hat – und dann erkennen wir diese laute und bunte Welt *außerhalb des Gehirns!*

Wie kommt sie dahin?

Wenn wir spontan sagen: Wir erkennen den Baum vor uns, weil er vor uns steht, dann haben wir schon ignoriert, dass die Farben und Formen der Blätter, die Geräusche des Windes im Geäst und der Duft des frischen Grüns in unserem Gehirn konstruiert wurden...

Natürlich ist da etwas im Raum! Niemand bildet sich das nur ein. Aber das, was wir als „die Welt" erleben: die Farben, die Klänge, die Gerüche, das ist *nicht* da draußen! Denn Farben sind „in Wahrheit" elektromagnetische Schwingungen, Klänge sind „in Wahrheit" nur schwingende Luft, Gerüche sind „in Wahrheit" nur Molekülbewegungen.

Wir erleben die Welt anders – eben als Farben, als Licht, als Geräusche, als Geruch. Aber nicht, weil die Welt so *ist*, sondern weil unser Gehirn sie so darstellt. Es hat für unser Bewusstsein die Farben und Klänge konstruiert. Aber die erleben wir dann nicht in unseren Hirnzellen! Oder ist das Rot des vorbeifahrenden Autos in Ihrem Kopf?

Ob Sie einen Berg besteigen und die weite Landschaft genießen, oder ob Sie eine Seefahrt machen und Ihr Blick in die Ferne schweift: *Sie erleben alles im Raum*, mal weiter weg, mal näher dran. Aber nichts von der Welt erkennen Sie da, wo es entstand: in Ihrem Kopf.

Ist das nicht irgendwie seltsam?

Aber es ist so – und wenn wir konsequent weiter darüber nachdenken, kann das nur eins bedeuten:

Unser Gehirn „strahlt" die erlebte Welt in den Raum

Ganz selbstverständlich, und mühelos.

Nehmen Sie sich ein wenig Zeit, das zu verdauen: Schau'n Sie sich um und machen Sie sich bewusst: alles was Sie erleben, hat Ihr Gehirn konstruiert. Aus den Millionen Nervensignalen Ihrer fünf Sinne hat es die Farben, Klänge und Formen abgebildet.

Machen Sie sich bewusst, dass dieses Gehirn in „Ihrem Kopf" sitzt ... und denken Sie darüber nach, dass Sie seine Konstruktionen nicht „in Ihrem Kopf" erleben und erkennen, sondern dort draußen vor Ihnen...

Machen Sie sich klar, dass Ihre erlebte Welt sich von Ihrem Gehirn entfernt haben muss: sie ist vom Gehirn weg dorthin gelangt, wo Sie sie erleben. *Versuchen Sie immer wieder, diese „Bewegung" zu fühlen, zu spüren...*

Es ist ein eigenartiges Gefühl, wenn man zum ersten mal diese räumliche Verbindung spürt vom eigenen „Kopf" zu den Dingen im Raum. Es ist wie eine Art „Erwachen" aus einer Illusion. Es ist das Bewusstwerden des eigenen Bewusstseins (eine etwas kümmerliche Beschreibung dieses Zustandes, ich weiß).

Aber Wahrnehmung ist nun mal ein *aktiver* Vorgang, eine Bewegung vom Gehirn weg in den Raum. Gäbe es keine aktive Verbindung zwischen Gehirn und Raum, würden wir alle den Kosmos in unsere Schädel bannen – eine absurde Vorstellung, oder? Wahrnehmungen sind keine Einbahnstraße! Diese verbreitete Vorstellung ist ein Irrtum. Wahrnehmungen laufen in Wahrheit in zwei Richtungen ab. Immer. Ohne Ausnahme.

Prüfen Sie es nach, so oft Sie wollen.

Wo hören Sie Musik: im Gehirn oder an den Lautsprechern? Natürlich an den Lautsprechern. Sie glauben, weil sie dort entstanden ist, aber das ist falsch: aus den Lautsprechern Ihrer Musikanlage kommt kein einziger Ton, kein Klang und kein Geräusch. Von dort kommt nur rhythmisch schwingende Luft. Das ist der ganze physikalische Vorgang. Mehr geschieht nicht auf der materiellen Ebene in Sachen „Musik". Der Rest passiert in Ihren Ohren, Nerven, Gehirn und Bewusstsein!

Trotzdem hören Sie Musik im Raum. Und das kann nur geschehen, wenn sich der Klang, die Melodie räumlich aus Ihrem Gehirn heraus bewegt hat. Die Musik wurde also von Ihrem Gehirn dahin projiziert, wo Sie sie anschließend hören.

Unser Gehirn ist ein Sender

Es schafft Informationen – wie den Klang eines Instrumentes oder die Farbe einer Kugel – und es sendet diese selbst geschaffenen Informationen anschließend in die Ferne.

Es durchdringt den Raum.

Und das täglich, und offensichtlich sogar mühelos! Der Raum um uns herum ist durchdrungen von den Informationen unseres Gehirns. Es kann nicht anders sein. Wahrnehmungen sind ein Nehmen und Geben von Informationen. Unsere Augen nehmen elektromagnetische Wellen auf und unser Gehirn gibt Licht und Farbe zurück.

Schematisch sieht das so aus:

Zuerst
bewegen sich Infos aus der Umwelt zu den Sinnesorganen, werden verschlüsselt und erreichen das Gehirn...

Danach
konstruiert das Gehirn daraus die Wahrnehmungen, die wir bewusst erleben...

Zuletzt
projiziert unser Gehirn diese Wahrnehmungen aus sich heraus ... dahin, wo wir sie anschließend erkennen...

Gehen wir einen Schritt weiter. Sie sagen: „Ich sehe..." und nicht: „Mein Gehirn sieht..." – warum?

Weil die Welt in Ihrem Bewusstsein erscheint, und Ihr Bewusstsein ist das Bedeutendste in Ihrem Leben. Alle Erfahrungen, alle Erlebnisse, alle Gedanken und Gefühle, alle Wahrnehmungen haben den gleichen Hintergrund: Bewusstsein ... das Wissen vom eigenen Sein ... das „Ich bin...".

Was bleibt von der Welt, wenn Sie im Koma liegen?

Nichts. Alles ist verschwunden. Ohne Bewusstsein hat nichts mehr eine Bedeutung. Die Welt ist verschwunden, und mit ihr alle Freuden und Leiden. Ohne „Ich bin..." läuft nichts in unserem Leben. „Ich bin..." ist die Grundlage für alles. Wenn Sie nicht da sind, gibt es auch nichts anderes mehr. Ihr „Ich" begleitet Sie jede Sekunde Ihres wachen Lebens. Es ist da, wenn Sie rechnen, wenn Sie träumen und wenn Sie die Welt erkennen.

Aber wo kommt es her, dieses „Ich"?

Viele glauben, Bewusstsein wird vom Gehirn erzeugt. Die meisten Hirnforscher behaupten es, und irgendwie spüren wir es ja auch im Kopf. Aber ist dieses Gefühl schon der Beweis, dass Bewusstsein ein Erzeugnis des Gehirns ist?

Das Problem ist: niemand kann Bewusstsein unmittelbar untersuchen, um das zu beweisen. Wir können es nicht greifen, nicht bewegen, nicht in eine Retorte sperren und analysieren. Niemand kann es unter ein Elektronenmikroskop legen, und alle Versuche, es irgendwie auszumessen, scheitern.

Ist das nicht seltsam?

Wir wissen unwiderlegbar, dass wir sind, dass wir Bewusstsein haben – aber niemand anderer kann dies erkennen oder bestätigen. Würde jemand zu Ihnen sagen, Sie hätten kein Bewusstsein, weil er es nicht erkennen kann, würden Sie ihn auslachen. Sie wissen, dass Sie sind – das muss Ihnen niemand erst „wissenschaftlich" beweisen...

Geist ist wissenschaftlich nicht nachweisbar. Ihr „Ich bin..." ist nicht nachweisbar. Was die Wissenschaft nachweisen kann, ist die innige Zusammenarbeit von Geist und Gehirn. Und dieses Zusammenspiel von Geist und Gehirn erleben und spüren wir „im Kopf". Weil dort der Ort der Kommunikation zwischen Bewusstsein und Gehirn ist. Darum haben wir auch das trügerische Gefühl, unser „Ich" ist in unserem Kopf festgenagelt...

Aber die Tatsache, dass Gehirn und Geist kommunizieren, beweist eben nur, dass sie miteinander kommunizieren.

Mehr nicht.

Hätten die Hirnforscher nicht selber Bewusstsein, Gedanken, Träume und Wünsche: durch Untersuchung eines Gehirns kämen sie nie auf die Idee, dass es so etwas überhaupt geben kann...

Stellen Sie sich mal eine Kugel vor, die <u>nicht</u> in Ihrem Bewusstsein ist

Nehmen Sie sich Zeit ... versuchen Sie es ruhig öfter. Es wird nicht gelingen: sobald die Kugel in Ihrer Vorstellung auftaucht, ist sie Inhalt Ihres Bewusstseins.

Jetzt betrachten Sie eine reale Kugel, die vor Ihnen liegt. Wenn Sie die Kugel entfernen, behalten Sie trotzdem Ihr Bewusstsein - aber Sie können nicht Ihr Bewusstsein „wegnehmen" und trotzdem die Kugel wahrnehmen! Mit anderen Worten: Wahrnehmung ohne Bewusstsein geht nicht.

Die Welt taucht immer *innerhalb* Ihres Bewusstseins auf, sie ist niemals außerhalb Ihres Geistes. Eine Welt jenseits Ihres Bewusstseins können Sie nicht erkennen – ja, *Sie können sie nicht einmal denken!* Erkennen Sie aber etwas aus dieser Welt, ist es Inhalt Ihres Bewusstseins – oder es ist für Sie nicht da!

Die einzige Welt, die Sie kennen, ist die, die in Ihrem Bewusstsein auftaucht.

Es gibt keine andere. Weder für Sie, noch für irgend jemand anderen auf dieser Welt. Auch wenn Sie sich eine „neue Welt" zusammen fantasieren, existiert die erst, wenn sie in Ihrem Geist aufgetaucht ist. Ob die reale Welt, eine erinnerte oder gedachte, geträumte oder vergangene Welt: alle werden für Sie erst wirklich, wenn Sie daran denken – und dadurch sind sie immer in Ihrem Bewusstsein aufgetaucht!

Prüfen Sie es nach:

Beschreiben Sie einen einzigen Gegenstand auf der Welt, der außerhalb eines erkennenden Bewusstseins existiert – nur einen einzigen!

Unmöglich ... sobald Sie – oder Ich oder irgend jemand anderes - von irgend einem Teil dieser Welt Kenntnis hat, ist dieses Teil innerhalb eines Geistes aufgetaucht. Sonst ist er nicht da...

Aber stopp: die Welt liegt außerhalb unseres Körpers und weit weg von unserem Gehirn ... und sie ist gleichzeitig innerhalb unseres Bewusstseins - wie kann dann unser „Ich", unser Bewusstsein im Gehirn festgenagelt sein?

Damit sind wir bei der entscheidenden Erkenntnis. Denn die Schlussfolgerung aus diesen Überlegungen ist zwingend:

Bewusstsein füllt den Raum mit sich selbst aus

Achten Sie mal auf die Geräusche, die in der Ferne erklingen. Betrachten Sie weit entfernte Dinge, die vor Ihren Augen liegen. Schnuppern Sie die Düfte, die den Raum durchweben ... und machen Sie sich bewusst: *das ist Ihre Welt.*

Nicht im poetischen, nein: im wahrsten Sinn des Wortes. Sie ist Teil Ihres Bewusstseins. Sie erleben diese Umwelt in Ihrem Geist, nicht außerhalb davon – und kein anderer wird die Welt genauso erleben...

Wir betrachten die Welt immer als etwas Fremdes, weil wir uns mit dem Körper identifizieren. Das geht soweit, dass wir schließlich fühlen und glauben, wir sind dieser Körper. Und als Körper sind wir natürlich getrennt von den Dingen, den Farben, den Gerüchen und den Klängen um uns herum.

Diese räumliche Trennung von unserem Körper und der übrigen Welt können wir problemlos ausmessen. Wir sagen: „Der Baum ist 30 Meter von mir entfernt..." – aber wir meinen genau genommen, er ist soweit von unserem Körper entfernt. *Denn von unserem Geist, unserem Bewusstsein ist er überhaupt nicht entfernt.* Da ist der Baum ein Inhalt, ein Bestandteil. Unser Bewusstsein umfasst den Baum, geht räumlich sogar über ihn hinweg...

Ihr Bewusstsein können Sie nicht von außen betrachten. Ihr Bewusstsein, das sind Sie selbst! Sie können nicht aus Ihrem ei-

genen Mittelpunkt herausspringen. Wenn Sie es versuchen, sind Sie sofort wieder drin...

Sie selbst sind die Grundlage dessen, was Sie erleben. Sie können nur deshalb „Ich sehe..., Ich höre..." sagen, weil Sie selbst „da sind". Darum ist Wahrnehmen etwas Persönliches. Etwas, das sich vor allem im Bewusstsein abspielt, nicht nur im Gehirn. Deshalb sagen wir nicht: „Mein Gehirn sieht...", sondern „Ich sehe...".

Wir alle *sind* Bewusstsein, und wir *haben* einen Körper. Die Welt ist nicht wirklich von uns entfernt, sie ist nicht jenseits von uns. Sie ist wohl außerhalb unseres Gehirns, aber nicht außerhalb unseres Bewusstseins. Darum ist die alltägliche Wahrheit für uns alle: *Unser Bewusstsein nimmt „Raum ein" ... füllt den Raum mit sich selbst aus...*

Wäre es nicht so, könnten Sie nicht mal die Hand vor Augen erkennen. Wäre Ihr Bewusstsein im Kopf gefangen, gäbe es keine Welt um Sie herum. Erst wenn Ihr Bewusstsein sich in den Raum „dehnt", wenn es sozusagen „Volumen" hat, können Sie Dinge vor sich sehen.

Wenn Sie jetzt Ihren Blick vom Buch heben und in der Ferne ein Haus erkennen, dehnt sich Ihr Bewusstsein blitzartig aus und füllt den Raum zwischen Ihrem Gehirn und dem Haus mit sich selbst aus. Denken Sie dagegen mit geschlossenen Augen über ein Problem nach, ruht Ihr Ich – räumlich gesehen – „in Ihrem Kopf".

Derartige Gedankengänge sind ungewohnt. Ich weiß. Aber das Ungewohnte muss ja nicht falsch sein. Für die Menschen vor ein paar hundert Jahren war es auch ungewohnt, die Erde plötzlich um die Sonne kreisen zu lassen. Schließlich hat jeder gesehen, wie sie morgens am Horizont aufgestiegen und abends am anderen Horizont herunter gegangen ist.

Heute lachen wir über die vermeintliche Dummheit unserer Vorfahren. Und ähnlich werden Sie bald den Kopf schütteln, wenn Sie daran denken, wie oft die Realität vergewaltigt wird, weil wir unser Bewusstsein in unseren Kopf einsperren wollen.

„Ich bin..." kann ein Mentales *Raum-Feld sein*

Kann Ihr Bewusstsein im Raum sein, ohne dass Sie es bemerken?

Wohl kaum. Aber mit Ihrem Bewusstsein sind *Sie* im Raum. Ihr „Ich bin..." füllt den Raum genauso aus, wie die Dinge, die Sie erkennen. „Ich sehe..." geht nicht ohne „Ich bin", und darum sind Sie – jedenfalls mental – auch da, wo Sie die Dinge erkennen.

Bewusstsein ist „weniger", als messbar, aber mehr als Nichts. Sie wissen es aus eigener Erfahrung. Sie erleben unmittelbar die Realität des Bewusstseins. Es ist also „Etwas" da, was eine Beziehung zum dreidimensionalen Raum hat. Und dieses Etwas überwindet mühelos jede Distanz, bewegt sich blitzschnell aus einem Zentrum heraus zu jedem beliebigen Punkt, den die Augen „abtasten". Das können zwanzig Zentimeter sein, oder fünf Meter, oder zehn Kilometer.

Wegen der Räumlichkeit des Bewusstseins drängt sich der Vergleich mit einem „Feld" geradezu auf. Nur ist es eben ein Mentales Feld, kein physikalisches. Und es ist ein dynamisches Feld, das sich beliebig ausdehnen und zusammenziehen kann - was auch ständig geschieht: Sie erkennen etwas im Raum ... und schwupp: ganz von selbst ist auch Ihr Bewusstsein dort. Es trägt die erkannte Welt in sich, ist angefüllt mit den Farben, Klängen und all den Phänomenen, die Sie im Raum erkennen.

Ihr Bewusstsein umgibt sie, wie der Strahlenkranz eine Kerze. Oder wie ein Magnetfeld den Magneten. Dieses Bewusstsein, dieses Mentale Feld ist zwar unsichtbar, aber es ist real. Es ist räumlich. Wie die Welt, die es umfasst. Es ist nicht materiell, es ist so „wenig", dass wir es nicht direkt messen können - aber es ist mehr, als Nichts.

Sie tragen Ihr Mentales Feld ständig mit sich.

Es begleitet Sie, auch wenn Sie nicht daran denken. Es ist unverlierbar mit Ihnen verbunden – *weil Sie es selbst sind*. Und darum ist es niemals so unbedeutend, wie manche Wissenschaftler es gerne hätten, weil sie es nicht erforschen können. Oder sind Sie sich selbst unbedeutend?

Stärken Sie Ihr Mentales Raum-Feld

„Was beachtet wird, wird verstärkt" – ist eine psychologische Binsenweisheit. Aufmerksamkeit ist das Zaubermittel, das Veränderungen in uns hervorbringt. Sie können das leicht selbst testen mit der folgenden Übung:

Legen Sie Ihre Hand auf den Tisch, oder auf Ihre Knie, während Sie locker sitzen. Entspannen Sie Ihren Arm. Lassen Sie die Hand ganz locker werden. Fühlen Sie die Hand ... und achten Sie auf das Gewicht Ihrer Hand. Spüren Sie, wie sie schwer auf der Unterlage liegt ... achten Sie auf diese Schwere ... nur auf diese Schwere ... die immer mehr zunimmt, je länger Sie auf sie achten.

Bald wird Ihre Hand tatsächlich so schwer werden, dass Sie das Gefühl haben, ein Bleigewicht hängt an Ihrem Unterarm...

Übrigens wird die Hand tatsächlich etwas schwerer: die Vorstellung von Schwere weitet die Blutgefäße der Hand. Mehr Blut sammelt sich in den Adern und die Hand wird schwerer. Die Aufmerksamkeit verstärkt diesen Prozess – wie gesagt: *was beachtet wird, wird verstärkt.*

Mit Ihrem Mentalen-Raum-Feld ist es genauso.

Achten Sie nicht darauf, hat es seine „normale" Spannkraft. Beachten Sie es, gewinnt es an Kraft – und wenn Sie häufig die folgenden Stärkungsübungen machen, kann aus Ihrer schlaffen „Ausstrahlung" ein Charisma werden, das jeden in seinen Bann ziehen kann.

Betrachten Sie ein entferntes Haus, ein Auto, einen Baum oder irgendetwas anderes. Versuchen Sie, Details zu sehen: die Oberfläche, Einzelheiten, Farbunterschiede – Kleinigkeiten, die erst durch genaueres Hinschauen gesehen werden.

Achten Sie dabei mal auf Ihren Blick: er ist konzentriert, genau, fixiert. Wir nennen ihn den „harten Blick".

So sehen wir die meiste Zeit des Tages. Wir sind so fasziniert von dem Geschehen um uns herum, dass unser Blick immer wieder nach außen geschleudert wird. Dann erkennen wir die Welt - und wir „vergessen uns" dabei.

Jetzt machen Sie mal das genaue Gegenteil...

Schließen Sie die Augen und sammeln Sie sich auf Ihr Ich-Bewusstsein. Zentrieren Sie sich. Fühlen Sie Ihr „Ich" im Raum Ihres Kopfes. Sie sehen nichts, Ihr Raumbewusstsein ist verschwunden. Sie sind „bei sich", im eigenen Mittelpunkt...

Jetzt öffnen Sie die Augen und schau'n in die Ferne – aber nirgendwo genau hin. *Behalten Sie einen Teil Ihrer Aufmerksamkeit „in Ihrem Kopf" zurück.* Seien Sie sich sozusagen gleichzeitig der Umwelt *und* sich selbst bewusst.

Jetzt haben Sie einen anderen Blick: Sie erkennen keine Details, sie „sehen" den Raum um sich herum, ohne etwas genau zu sehen. Zugleich fühlen Sie Ihr Ich auch „im Kopf" – im Kopf und im Raum...

Das ist der „weiche" Blick, der für spätere Übungen eine besondere Rolle spielen wird.

Mit der Zeit werden Sie den Unterschied beider Übungen klar spüren. Wichtig ist, dass Sie lernen, *sowohl im Raum als auch bei sich selbst zu sein*. Wenn Sie zugleich zentriert und Raum füllend sind, haben Sie Ihr persönliches Zentrum ausgedehnt. Dann sind auch *Sie* im Raum - nicht nur die Dinge, die Sie wahrnehmen.

Natürlich nutzt es noch nicht allzu viel, nur mental „im Raum" zu sein und ihn mit sich selbst auszufüllen. Schließlich wollen wir ja nicht nur durch eine verstärkte Ausstrahlung bemerkt werden, wir wollen auch auf bestimmte Weise bemerkt werden.

Gehen wir deshalb einen Schritt weiter und fragen wir: Was bedeutet das genau, „im Raum zu sein"?

Wir tragen unser Innenleben wie eine Wolke um uns her

Sie fühlen sich nicht alle Tage gleich. Sie denken nicht ständig dasselbe. Unser Geist ruht nun mal nicht, und immer sind wir innerlich mit irgendwelchen Gefühlen, Gedanken, Wünschen, Ängsten, Überzeugungen, Hoffnungen, Ansichten, Absichten und dergleichen „angefüllt".

Rund 50 000 Gedanken gehen uns durchschnittlich am Tag durch den Kopf – oder besser gesagt: durch das Bewusstsein. Und fast jeder Gedanke wird von Gefühlen begleitet...

Kurz gesagt: „Ich bin..." heißt immer „Ich bin irgendwie...". Unser Bewusstsein ist ständig mit persönlichen Inhalten gefüllt, mit dem, was uns gerade bewegt, was uns durch den Kopf geht, was wir fühlen, wollen, hoffen...

Egal wo Sie gerade stehen, sitzen oder gehen: Ihr Bewusstsein begleitet Sie, ist mit Ihnen und umgibt Sie, wie eine unsichtbare Wolke. Es ist Ihr Bewusstsein, und es ist angefüllt mit Ihrem ganz persönlichen Innenleben. Sie sind es, der den Raum mit sich selbst ausfüllt.

Sobald wir die Welt erkennen, bewegt sich ein Teil unseres Innenlebens mit in den Raum. Sie sind im Raum – nicht nur da, wo Sie sitzen oder stehen. Ihr Bewusstsein reicht weiter ... und es nimmt seine Inhalte, Ihre Gedanken, Ihre Gefühle und Absichten mit hinaus. Sie senden alles durch den Raum, fast pausenlos. Ganz real, so wie eine Lampe ihr Licht in den Raum sendet.

Sind mit Ihrem Bewusstsein auch Ihre Gedanken und Gefühle im Raum?

Breiten sie sich mit aus? Wo sind Gedanken, während Ihr Bewusstsein den Raum ausfüllt? Vielleicht auch ‚irgendwie' im Raum?

Wir hatten schon festgestellt: Wenn wir unsere Gedanken „im Kopf" spüren, dann erleben wir nur die Kommunikation zwischen Gehirn und Bewusstsein. Das bedeutet nicht automatisch, dass Gedanken nur elektrische und chemische Entladungen in Neuronen sind.

Reduzieren wir es also wieder auf die einzig beweisbaren Tatsachen: Eine Hirnzelle ist eine Hirnzelle, ein Nervensignal ist ein Nervensignal und ein Gedanke ist ein Gedanke. Wer glaubt, dass ein Gedanke dasselbe ist wie ein Funke im elektrischen Hirngewitter, der kann auch glauben, dass ein Apfel eine Banane ist.

Eins ist sicher: Gedanken und Gefühle sind nicht so konkret im Raum, wie Hirnzellen. Oder wie Äpfel oder Autos. Wir können zwar den Abstand zwischen zwei Hirnzellen ausmessen, aber nicht die Entfernung eines Gedankens vom Kopf. Wir können auch das Volumen unseres Gehirns angeben, aber nicht ausmessen, wie viel Kubikmeter unser Ärger ausfüllt.

Gedanken haben keine klare Kontur – genauso wenig wie Bewusstsein ... und doch können sich Gedanken und Gefühle durch den Raum bewegen – als Information...

Der Rundfunk zeigt, wie das geht. Während Sie dies lesen, ist der Raum um Sie herum angefüllt mit Radiowellen. Bis in den hintersten Winkel des Raums dringen sie vor.

Egal, wo Sie sich gerade aufhalten: Jetzt in diesem Moment sind Sie umgeben von zahlreichen elektromagnetischen Feldern, die unsichtbar und lautlos durch den Raum schwingen. Selbst in die hinterste Ecke des Zimmers dringen sie vor. Kein Zentimeter des Raums ist frei von ihnen.

Das Interessante daran ist: an jedem Punkt des Zimmers können Sie mit einem Kofferradio Musik oder Stimmen „einfangen" – obwohl die Stimmen vorher nicht im Raum lokalisiert werden konnten! Die Musik und die Stimmen waren nicht „hier oder dort" ... sie waren überall gleichzeitig...

Radiowellen bestehen nicht aus Stimmen, sondern enthalten Stimmen – oder besser gesagt: sie enthalten die Information „Stimmen". Erst wenn ein Empfänger diese Informationen aus den Radiowellen heraus filtert, werden sie hörbar. Radiowellen transportieren also nur die Information „Stimme" oder „Musik" durch den Raum, aber nicht den Klang selber.

Ähnlich ist es bei unserem Bewusstsein.

Es füllt den Raum aus, und es trägt dabei die Information „Gedanken, Gefühle, Absicht" mit sich hinaus. Die Information - nicht die Gedanken und Gefühle selber! Wie beim Rundfunk bleibt diese Information unbemerkt, unsichtbar, lautlos – bis ein Empfänger die wellenartige Information „Gedanken, Gefühle..." erkennbar macht.

Der Empfänger für die Informationen eines Mentalen-Raum-Feldes ist ein anderes Gehirn.

Wie beim Radio filtert es die mentale Botschaft aus dem mentalen „Wellensalat" heraus und bringt sie dem Hirnbesitzer ins Bewusstsein – als *eigene Gedanken, Gefühle, Impulse...*

Fassen wir kurz zusammen:

1. Wir wissen von der Welt, weil wir sie wahrnehmen.
2. Zum Wahrnehmen brauchen wir unsere fünf Sinne, aber Sinne allein erkennen noch nichts: Erst das Gehirn bildet die Welt für uns ab...

3. Das Gehirn kommt selbst nicht mit der Welt in Kontakt. Es konstruiert die Welt aus den Nervensignalen, die es von den Sinnen erhält.
4. Obwohl die Welt von unserem Gehirn konstruiert wurde, erkennen wir sie danach weit entfernt von diesem Gehirn im Raum: die Konstruktionen müssen sich also vom Gehirn weg bewegt haben. Sie wurden „ausgestrahlt"...
5. Ohne „Ich bin..." existiert auch keine Welt für uns. Was wir erleben, ist Inhalt unseres Bewusstseins, oder es ist für uns nicht da.
6. Erleben wir die Welt im Raum, muss auch unser Bewusstsein im Raum gegenwärtig sein: unser Bewusstsein kann also Raum ausfüllen. Unser Ich ist als Mentales Feld im Raum ... so wirklich, wie das Licht einer Kerze.
7. Das Bewusstsein im Raum trägt auch Gedanken und Gefühle in den Raum – als Information.

2. Wie Mentale Felder miteinander „reden"...

*Die unsichtbare Verbindung von
Gehirn zu Gehirn*

Wenn Sie einen Sender im Radio suchen, dann suchen Sie die Frequenz, auf der er sendet. Gelingt es Ihnen nicht, erfahren Sie nichts von dem, was gesendet wurde. Warum? Weil es nicht zur *Resonanz* zwischen Sender und Empfänger gekommen ist.

Resonanz ist das Verfahren, mit dem die Natur Informationen von einem Ort zum anderen überträgt. Stellen Sie zum Beispiel zwei Gitarren nebeneinander und schlagen Sie auf der einen die e-Saite an, dann fängt bei der anderen Gitarre deren e-Saite auch zu schwingen an. Auch das ist ein Beispiel für Resonanz.

Resonanz ist Gleichklang, gleiches Schwingen. Resonanz verbindet gleich schwingende Elemente unsichtbar miteinander. Und über diese Schwingungen können – wie es beim Funk geschieht - Botschaften von einem Körper durch den Raum hindurch auf einen anderen Körper übertragen werden.

Unvorstellbar gering ist der Energiebedarf, um gleichartige Systeme in Resonanz zu bringen: Wenn Sie an einer Wand zehn dieser alten Wanduhren mit den langen Pendeln nebeneinander hängen, pendelt zunächst jedes der zehn langen Pendel an anderer Stelle. Aber wenn Sie genügend lange warten, erleben Sie ein phantastisches Phänomen: eines Tages laufen alle Pendel im Gleichtakt, bewegen sich im gleichen Rhythmus, jedes in der gleichen Position zur Uhr...

Die Natur hält es für effektiver, wenn Systeme gleicher Bauart auch gleich funktionieren...

Auch Gehirne können „abgestimmte Resonanzsysteme" sein

Zwei Menschen begegnen sich. Ihr Bewusstsein verlässt das Gehirn, durcheilt den Raum und füllt ihn mit sich selbst aus. Mentale Felder bewegen sich wellenförmig von den Gehirnen weg, breiten sich im Raum aus, wie das Licht einer Kerze.

Die Felder durchdringen sich ... „stören" sich ... wirken aufeinander ein. Resonanzen bilden sich. Zuneigung entsteht spontan als Folge harmonischer Schwingungen, Abneigung oder Widerwille, wenn sich die Felder nicht „vertragen", wenn sie disharmonisch zueinander schwingen.

Mentale Resonanzsysteme schwingen gleich und tauschen über dieses Band Informationen aus. Sie „verständigen" sich sozusagen – wie die Gitarren sich über eine gleich schwingende e-Saite verständigt haben. *Der eine Schwingungspartner wiederholt bei sich die Schwingung des anderen.* Das gilt beim Funk, wenn die Bilder und Klänge des Senders im Empfänger wiederholt werden, genauso wie beim menschlichen Bewusstsein, wo sich Gedanken und Gefühle eines Bewusstseins in anderen wiederholen.

Gedanken werden nicht „übertragen", indem sie wie Bälle durch den Raum fliegen.

Das ist eine verbreitete, aber falsche Vorstellung. Zugegeben: „Gedankenübertragung" klingt so, als könnten wir einen Gedanken nehmen und ihn in ein anderes Bewusstsein „übertragen", aber dieses Bild ist irreführend:

Gedanken wandern nicht von Gehirn zu Gehirn, sondern das eine Gehirn wiederholt Inhalte eines anderen Gehirns, weil beide – wenigstens teilweise – in Resonanz sind.

Das Besondere dabei ist, dass sich *ein* Bewusstsein problemlos in vielen Gehirnen „spiegeln" kann

Nehmen wir an, Walter ist gut gelaunt bei der Arbeit. Berta tritt ein, ist freundlich wie immer – aber innerlich wütend, grantig. Walter und Berta füllen mit Ihrem Bewusstsein, ihren mentalen Feldern den Raum aus, und unweigerlich erreichen die „Ärgerwellen" von Berta auch das Gehirn von Walter.

Was wird geschehen?

Ist Walters gute Laune stabil, „prallt" Bertas Ärger einfach an ihm ab. Es gibt keine Resonanz. Ist sie aber eher wackelig, regt das Bewusstsein von Berta im Gehirn von Walter jene Funktionen („Schwingungen") an, die dem Gefühl des Ärgers entsprechen. Und nach und nach wird auch Walter ärgerlich...

Das Fatale daran: *Er hält seinen Ärger für seine eigene Schöpfung.* Er weiß nicht, warum er tatsächlich immer ärgerlicher wurde. Er merkt nicht, wo seine Übellaunigkeit wirklich herkommt. Und wie er selbst sich tatsächlich fühlen würde, wenn er allein im Raum wäre. Aber die Täuschung ist perfekt.

Man kann es nicht genug wiederholen: Das Gehirn des einen „empfängt" nicht direkt die Bewusstseinsinhalte eines anderen ... es erzeugt sie in sich neu, es wiederholt sie bei sich selbst...

Das ist ein erheblicher Unterschied.

Denken Sie an Ihr Handy: Sie hören den anderen sprechen, aber es ist nicht die Originalstimme, die Sie hören, es ist eine Kopie davon. Die Antenne Ihres Handy taucht in das Meer aus Sendefrequenzen, das den Raum ausfüllt, und erzeugt die Kopie einer Stimme, die in Wahrheit kilometerweit entfernt sein kann.

Wenn unsere Gehirne miteinander ‚reden', ist es ähnlich: die Wellen eines Bewusstseins füllen den Raum aus. Unsere Gehirne sind dann wie Radios, Handys oder Fernseher: sie geraten in Resonanz mit den Informationen, die dieses mentale Feld enthält.

Und dann wiederholt das Gehirn bei sich das, was sich in einem anderen Gehirn abspielt. Und es hält diese Wiederholung für seine eigene Schöpfung...!

Das alte Bild von „Sender" und „Empfänger" ist nicht korrekt

Wie schon gesagt: Es gibt keine „Gedankenübertragung" im wörtlichen Sinn. Wenn wir ein Gehirn zum Sender, ein anderes zum Empfänger machen, um Gedanken zu übertragen, wird es nicht klappen.

„Gedankenübertragung" wird erst funktionieren, wenn wir das eine Mentale Feld so verändern, dass es mit dem anderen Feld korrespondieren kann.

Resonanzen sind dann das Bindeglied von Gehirn zu Gehirn, von Bewusstsein zu Bewusstsein. Und von Unterbewusstsein zu Unterbewusstsein – aber auf den Faktor „Unterbewusstsein" kommen wir noch zu sprechen...

Vielleicht haben Sie noch ein Problem mit der Vorstellung, dass Ihr Bewusstsein in Resonanz mit anderen Gehirnen kommen kann ... schließlich würde das ja bedeuten, dass Ihr Geist auf ein anderes Gehirn einwirken kann.

Aber was ist daran so unwahrscheinlich?

Angenommen, Sie wollen Ihren Arm heben: dieser bewusste Entschluss, diese mentale Absicht ist nirgendwo materiell nachweisbar. Weil er „geistig" ist – es ist „nur" ein Gedanke, ein mentaler Impuls, ein Akt Ihres Bewusstseins. Niemand wird in Ihrem Gehirn diese Absicht erkennen können, und trotzdem ist Ihr bewusstes Selbst mühelos in der Lage, Ihrem Gehirn zu befehlen, die entsprechenden Muskeln zu aktivieren,

Ein nicht-materielles Bewusstsein hat auf die Materie eines Gehirns eingewirkt. Ein mentaler Akt Ihres „Ich" hat die Moleküle Ihres Gehirns so umstrukturiert, dass sich am Schluss Ihr Arm tatsächlich gehoben hat. Es war ja nicht Ihr Gehirn, das auf sich selbst eingewirkt hat – *Sie* waren es, Sie haben als unabhängiges, eigenständiges Selbst mit Ihrem Gehirn korrespondiert.

Natürlich ist unser eigenes Bewusstsein als Mentales Feld am Gehirn „angedockt". Es braucht das Gehirn als materielle Basis, um seine Absichten in der materiellen Welt zu realisieren. Wenn Sie eine Tasse Kaffee trinken wollen, reicht das Bewusstsein allein nicht aus, sie zum Mund zu führen. Sie müssen Ihren Arm dazu heben. Aber der Arm weiß nicht von selbst, was Sie wollen, und so dient Ihr Gehirn – unter anderem – dazu, Ihre ursprünglich mentalen Absichten auch materiell auszudrücken.

Aus dieser Wechselwirkung von Mentalem Feld und materiellen Gehirn schließen nun viele Wissenschaftler, dass das Gehirn dieses Mentale Feld *erzeugt* hat – aber es gibt keine Beweise für diese Behauptung.

Auch die Tatsache, dass wir unser Bewusstsein „verlieren", wenn unser Gehirn krank oder zerstört ist oder wenn wir schlafen, beweist nicht, dass das Gehirn Geist erzeugen kann.

Wenn Ihr Fernseher kaputt ist und Sie können kein Programm empfangen: ist das ein Beweis dafür, dass der Fernseher das Programm erzeugt hat?

Natürlich nicht. Der Fernseher gibt das Programm weiter, aber er ist nicht der Urheber davon. So wirkt unser Ich als Mentales Feld auf das Gehirn ein, kommuniziert mit ihm, und weil daraus eine zentrale Beziehung zum Raum entsteht, erwacht in uns die Illusion, dass unser Gehirn dieses Feld erzeugt hat.

In Wahrheit ist unser Selbst unabhängig vom Gehirn. Es bewohnt es und es kann auf die Nervenzellen einwirken und sie so verändern, dass sie Bewegungen, Erinnerungen oder Gedanken hervorbringen können.

Und wenn sich dieses Selbst, dieses Mentale Feld im Raum befindet, den Raum ausfüllt mit sich selbst und wenn es dabei auch fremde Gehirne „berührt": warum sollte es nicht auch mit diesem Gehirn korrespondieren? Natürlich *nicht so intensiv*, nicht so deutlich, wie mit dem „eigenen" Gehirn - aber doch immerhin so, dass sein Einfluss auf ein anderes Gehirn *wie ein Vorschlag oder eine Anregung* wirkt, etwas Bestimmtes zu denken, zu fühlen, zu empfinden...

Sicher - die Wissenschaft hat noch ein Problem damit. Für sie ist Geist nicht in der Lage, auf die Materie des Gehirns einzuwirken. Dazu wäre Energie erforderlich. Man munkelt deshalb gern von der Verletzung der Energieerhaltungssätze und ähnlichen Vorbehalten.

Wir können im Rahmen dieses Buches nicht näher darauf eingehen – nur eine grundsätzliche Überlegungen zu diesem Punkt: Die Schnittstelle zwischen Geist und Gehirn liegt im submikroskopischen Bereich – und da gelten andere Gesetze: die der Quantenphysik. Der Nobelpreisträger J. Eccles hat genau diesen Bereich empirisch erforscht und seine Aussage ist klar:

Es ist nach quantenphysikalischen Überlegungen möglich, dass ein unabhängiges Selbst auf das Gehirn einwirkt, ohne dabei die Energieerhaltungssätze zu verletzen!

Warum sollten wir es nicht so sehen: Unser unabhängiges Selbst bleibt nicht im Körper, es schlägt auch Brücken zu anderen Gehirnen. Und weil unsere Gehirne prinzipiell gleichartig aufgebaut sind, können sie sich als Systeme gleicher Bauart auch in Resonanz bringen.

Die „Spielregeln" für Resonanz

...sind recht einfach:

> Gleiches wirkt auf Gleiches ein,
> Gleiches setzt Gleiches in Bewegung,
> Gleiches zieht Gleiches an.

Was für den materiellen Bereich gilt, hat seine Entsprechung in unseren Mentalen Feldern, die sich im Raum ausbreiten. Es ist einfach der Gleichklang des Denkens oder Fühlens, wenn sich Menschen wirklich verstehen.

Ihre Gedanken und Gefühle regen im Mentalen Feld etwas an, was dort einem ähnlichen Gedanken oder Gefühl entspricht. Dabei erregt Gleiches das Gleiche – bis sich im Bewusstsein des anderen etwas verschiebt und Ihrem Bewusstsein angleicht. Dann entsteht Harmonie zwischen den Schwingungspartnern. Dann „verstehen" sich die Inhalte der beiden Mentalen Felder, sind sich sozusagen sympathisch. Über die gleichartigen Anknüpfungspunkte kommt eine Verbindung zustande - und Vertrauen entsteht...

Nicht umsonst sagt der Volksmund: „Gleich und Gleich gesellt sich gern". Ein Hundeliebhaber versteht sich mit einem anderen Hundefreund besser, als mit einem Katzenbesitzer. Und wer vernarrt in eine Automarke ist, oder begeisterter Bergsteiger oder Höhlenforscher, versteht mit seinesgleichen besser, als mit einem trockenen Bücherwurm.

Gleiche Sprachgewohnheiten, gleiche Interessen, Denkgewohnheiten oder gar irgendwelche ‚Macken' schaffen eine harmonische Verbindung zwischen Menschen. Es gibt mehr Berührungspunkte zu anderen, mehr Möglichkeiten zum Anknüpfen an fremde Gedanken- und Gefühlswelten.

„Gegensätze ziehen sich an" ist nur die halbe Wahrheit. Natürlich ziehen sich auch Gegensätze an - wäre es nicht so, wäre die Menschheit und auch die Tierwelt längst mangels Fortpflanzung ausgestorben. Aber der Satz „Gegensätze ziehen sich an" gilt nur auf der materiellen und sexuellen Ebene. Wenn wir einen anderen Mann oder eine andere Frau attraktiv finden, weil er oder sie ein besonders prächtiges Exemplar seiner Gattung ist, haben wir nicht automatisch auch Vertrauen zu ihm. Und verstehen werden wir den anderen auch nicht zwangsläufig.

Die rein erotische oder sexuelle Anziehungskraft wirkt eben nur anziehend ... was zwar durchaus erregend sein kann - aber eine Verständigung, eine Kommunikation oder ein emotionaler Austausch muss dabei nicht unbedingt erfolgen. Kann – aber muss nicht!

Nur Gleiches kann Gleiches verstehen ... und nur was sich versteht, beeinflusst sich.

Fassen wir kurz zusammen:

1. Resonanz ist das Verfahren, mit dem die Natur Informationen von einem Ort zum anderen „überträgt".
2. Resonanzen entstehen, wenn Körper gleicher Bauart gleich schwingen. So fängt die e-Saite einer Gitarre an zu schwingen, wenn neben ihr eine andere Gitarre steht, deren e-Saite auch schwingt.
3. Auch Gehirne können Resonanzsysteme bilden. Dabei regen die Mentalen Felder sich gegenseitig an.
4. Gedanken werden nicht „übertragen", sonder ein Bewusstsein, das sich als Mentales Feld durch den Raum bewegt, regt in anderen Gehirnen gleichartige Zustände an.
5. Gedankenübertragung ist keine Übertragung im wörtlichen Sinn. Es ist vielmehr so, dass ein Gehirn die Inhalte eines anderen Mentalen Feldes bei sich wiederholt, also neu erzeugt.
6. Darum halten wir fremd induzierte Gedanken und Gefühle immer für unsere eigenen!

3. Warum andere Sie so sehen, wie Sie sich selbst sehen

Das seltsame Experiment des Sir Francis Galton

Eines Tages machte der englische Wissenschaftler Sir F. Galton einen folgenschweren Selbstversuch.

Er stellte sich vor, er sei ein Ekel – schlimmer noch: der widerwärtigste, meist gehasste Mann Englands. Immer wieder sagte er sich: „Ich bin widerlich! Alle hassen mich. Ich bin der meist gehasste Mann Englands!".

Aus seinen Fantasien, Gedanken und Gefühlen wurde zuletzt fester Glaube. Die Überzeugung, ein Ekel zu sein, war fest in seinem Geist verankert. „Ich bin der meist gehasste Mann Englands!" wurde zur fixen Idee, zur Besessenheit: Galton hatte ein neues *Selbstbild*, eine neue Identität...

Dann ging er auf die Straße, um seinen gewohnten Morgenspaziergang zu machen – aber nichts war mehr wie sonst: Passanten schimpften, drohten ihm von der anderen Straßenseite, Hunde bellten ihn ohne Grund an – schließlich stieß ihn ein Pferd in den Dreck ... und niemand gab dem Pferd die Schuld.

Warum waren die Leute so aufgeregt, so aggressiv gegen ihn?

Äußerlich war er wie immer. Er tat auch nichts. Er ging nur spazieren, wie jeden Morgen. Aber *in ihm* war etwas anders: sein Bild von sich selbst. Sein Ich war angefüllt mit der klaren Botschaft: „Ich bin ein Widerling ...!" ... und irgendwie haben andere diese Nachricht empfangen.

Wir alle senden pausenlos unser Selbstbild in andere Gehirne...

...wir senden uns selbst in den Raum - oder besser: wir füllen den Raum mit uns selber aus.

Wenn Sie alles bisher gesagte verdaut haben, dann wissen Sie: Ihre Persönlichkeit endet nicht auf der Oberfläche Ihrer Haut. Und weil all Ihre festen, unausgesprochenen Überzeugungen von sich selbst auch Teil Ihrer Persönlichkeit sind, sind sie mit Ihrem Bewusstsein, mit Ihrem Mentalen Feld im Raum.

Und sie finden ihren Weg in das Bewusstsein anderer...

Das ist eine der zentralen Botschaften dieses Buches: auch wenn Sie nicht darauf achten, wenn Sie nicht daran denken, wenn es Ihnen nicht bewusst wird bildet Ihr Selbstbild ständig Resonanzen mit anderen Gehirnen. Nicht nur Ihre augenblicklichen Gedanken, der Ärger, der Frust, die Liebe und Harmonie durchwandern mit Ihrem Mentalen Feld den Raum: auch Ihr Wissen von sich selbst, von Ihren Schwächen, Ängsten, Vorlieben, heimlichen Absichten bombardiert das Gehirn anderer...

Resonanzen bilden sich fast pausenlos ... und immer wieder wird nach und nach der andere angesteckt - von Ihren Gefühlen und Gedanken und von Ihrem *Selbst-Wissen*.

Darum sehen andere Sie früher oder später so, wie Sie sich selbst sehen, und dafür müssen Sie keine Worte gebrauchen. Francis Galton hat es hautnah erlebt: sein Selbstbild breitete sich im Raum aus, und wie Radiowellen teilte es anderen mit: „Ich bin ein hassenswerter, grundschlechter Fiesling!".

Uns allen geht es ähnlich.

Auch wir teilen anderen ständig unsere innersten Überzeugungen mit. Unser Selbstbild ist mit unserem Bewusstsein im Raum, bewegt sich von unserem Gehirn weg, strahlt wellenartig aus und teilt sich anderen mit. Unser Mentales Feld trägt Gedanken, Gefühle, Absichten und Wünsche in fremde Gehirne – und dazu gehört auch das, was wir ganz intim von uns selbst wissen.

Wie ist Ihr Selbstbild?
Kann es Ihnen schaden?

Merkwürdigerweise denken wir darüber fast nie nach. Weil wir „eben so sind", wie wir sind. Wir sind uns selbst derart vertraut, dass wir keinen Gedanken daran verschwenden, wie wir eigentlich sind – und warum wir so sind, was uns so „gemacht" hat, wie es dazu kam. Und ob wir uns vielleicht selber etwas vormachen, ob wir vielleicht nur glauben, so oder so zu sein.

Alles an uns ist eben „selbstverständlich", also uns selbst verständlich...

Das Problem ist nur: *unser Selbstbild scheint durch alles durch, was wir tun und sagen.* Wer sich für einen Schwächling hält, drückt dies nach außen aus. Seine Worte bleiben kraftlos, zurückhaltend, seine Gesten sind ohne Saft, ohne Überzeugungskraft. Seine Haltung bleibt niedergedrückt, seine Körpersprache defensiv. Alles an ihm sagt: „Ich bin saft- und kraftlos. Ich habe keine Power..."

Auch wenn wir mit diesem Selbstbild einmal Power zeigen wollen, wenn wir anderen etwas vormachen wollen, wird es meist nicht lange dauern, bis der Trug auffliegt: unser Mentales Feld suggeriert den anderen die Wahrheit. Durch Resonanzen. Vielleicht nicht sofort, vielleicht erst nach Tagen oder Wochen – aber irgendwann *wissen* die anderen intuitiv, was wirklich mit uns los ist.

Darum sollten Sie sich fragen: Was halten Sie von sich?

Wie sehen Sie sich selbst, welche Überzeugungen von sich prägen Ihr Verhalten, Ihr Denk- und Gefühlsleben?

Wie es auch sein mag, denken Sie daran: Ihr Selbstbild wirkt auf alle um Sie herum. Es berührt nicht nur einzelne Menschen, es „trifft" alle. So wie hundert Radios aus einer Radiowelle die Musik heraus filtern, so wiederholen viele Menschen in sich selbst das, was in Ihnen vorgeht.

Auf diese Weise kann *ein* konzentrierter Gedanke, das intensive Gefühl *eines* Menschen von hunderten, ja tausenden fremder Gehirne empfangen werden ... genauso wie eine Stimmgabel ein Dutzend andere in Schwingungen versetzen kann. Nur der Grundton ist entscheidend.

Sie kennen vielleicht den Spruch: „Wer selbst nicht brennt, kann auch andere nicht entzünden!". Wir erleben das ständig: der eine langweilt uns mit seinen trockenen Wortkonstruktionen, ein anderer begeistert uns durch seine „Art" – und die meisten wissen nicht, warum eigentlich.

Es ist sein Mentales Raum-Feld, das uns mitreißt und ansteckt.

Er ist überzeugt von etwas, und diese Überzeugung weckt er in uns. Durch Resonanzen. Seine Überzeugungen, sein Gefühl ist im Raum und „berührt" uns. Wir fühlen die Echtheit, egal, mit welchen Worten sie ausgedrückt wird. Die Begeisterung über etwas ist real im Raum, sozusagen „greifbar" für unser Gehirn, das auf Empfang geschaltet ist.

Einfache Gefühle stecken auch einfacher an.

Egal, ob es Hass, Begeisterung. oder Liebe und Harmonie ist. Je schlichter, je „allgemeiner" die Überzeugung und das daran gekoppelte Gefühl, desto leichter regt es in seiner Umgebung die gleichen Gedanken, Gefühle und Überzeugungen an. Auch Überzeugungen von uns selbst!

Ist Ihnen nicht auch schon aufgefallen, dass blinde Fanatiker oft unglaublich viele Anhänger haben? Oder dass Sekten-Gurus, deren Gedankenwelt mitunter unerträglich absurd ist, Tausende Anhänger haben? Warum ist das so?

Deren Ideen und Glaubenssätze strotzen mitunter vor Dämlichkeit und Beschränktheit – aber tausende, ja hunderttausende Anhänger verkünden begeistert den gleichen Schwachsinn. Was hat Sie überzeugt? Die sachlichen Inhalte? Das schlüssig logische Gedankengut? Nein - *sie wurden überzeugt vom Charisma des Verkünders.* Es hat etwas in ihnen berührt, angesprochen und in Bewegung gesetzt.

Aber das Charisma religiöser oder politischer Verführer ist nichts anderes, als die Ausstrahlung ihres Mentalen Raum-Feldes, das angefüllt ist mit glühenden Überzeugungen!

Wer innerlich „brennt", steckt andere an.

Nur wenn Sie überzeugt sind von Ihrer Mission, empfangen die Gehirne anderer diese Überzeugungen. Und andere werden ganz sicher „spüren", ob Sie ihnen etwas vormachen wollen, ob Sie wirklich hinter Ihren Aussagen stehen, oder nicht.

Ihr Mentales Raum-Feld lügt nicht

Bleiben wir bei unserm Selbstbild, unseren Überzeugungen von uns selbst. Können wir schlechte Überzeugungen von uns selbst verstecken? Zum Beispiel durch gute Schauspielerei?

Für viele scheint der bequemste Weg, andere zu „überzeugen", der zu sein, ihnen etwas vorzumachen. Wie ein Schauspieler. Aber wer es einmal versucht hat, sein Innenleben mit einem Verhalten zu überspielen, das nicht zu diesem Innenleben gehört, wird eines anderen belehrt.

Versuchen Sie es mal: Schauspielern Sie Ihre Gestik, Ihre Worte, Ihre Haltung und versuchen Sie dabei, Gefühle zu vermitteln, die Sie gar nicht haben. Sie werden schnell erkennen, dass andere Ihr Theater spüren. Sie wirken einfach nicht authentisch, Sie sind nicht *echt*. Sie überzeugen nicht, weil Ihre tatsächliche Ausstrahlung von Ihrem Innenleben gespeist wird, nicht von Ihrem Verhalten. Ihre Freunde, Kollegen, alle, die mit Ihnen zu tun haben, *sehen* Ihr Verhalten und *fühlen* Ihre Ausstrahlung - *und sie vertrauen ihrem Gefühl*...

Die anderen können zwar meist nicht sagen, was genau nicht stimmt an Ihnen ... sie wissen auch nicht genau, woher sie dieses unbestimmte Gefühl haben, dass irgend etwas nicht stimmt an Ihnen. Aber sie glauben ihrem Gefühl instinktiv - und es täuscht sie selten!

Im Fernsehen kann man hierzu interessante Studien machen. Da singen Sänger oder Sängerinnen von tiefen Liebesgefühlen und geben sich auch alle Mühe, dies durch ihre Körpersprache auszudrücken. Trotzdem wirken sie affektiert. Sie sind nicht echt. Sie versuchen, durch ihr Verhalten eine bestimmte "Ausstrahlung" zu erzeugen, aber es kann ihnen nicht gelingen, *weil Ausstrahlung ursächlich nichts mit Verhalten zu tun hat.*

Andere spüren Ihr Mentales Feld als Ihre „persönliche Ausstrahlung"

Und die hat nichts mit Ihrem Aussehen zu tun!

Modeschöpfer wissen: Menschen mit schönem Gesicht, einer attraktiven Erscheinung und körperlichen Vorzügen haben nicht automatisch dadurch eine „besondere Ausstrahlung". Sie sehen einfach „nur" gut aus...

Schönheit blendet unsere Augen, aber Ausstrahlung spüren wir auch ohne Augen. Angenommen, eine makellose Schönheit steht neben Ihnen: glatte Haut, ebenmäßige Gesichtszüge, schöne, strahlende Augen, ein wohlgeformter Mund, schlanke Hände, eine schlanke, sportliche, „gute" Figur ... spüren Sie sie deswegen neben sich?

Kommt auch „etwas rüber", das unsichtbar ist, das Sie aber *irgendwie spüren* können?

Nicht unbedingt. So manches schöne Gesicht erinnert nur an eine sich bewegende Puppe. Nur lebende, denkende und fühlende Menschen haben eine „Ausstrahlung"!

Schönheit, Aussehen, überhaupt die ganze äußere Erscheinung eines Menschen wird sehr oft überschätzt, wenn es um zwischenmenschliche Beziehungen geht. Verunsicherte Menschen geben Unsummen aus für Schönheitsoperationen, in denen sie sich ihre Idealnase zurecht schneiden oder die Altersfalten straff ziehen lassen. Alles im Glauben, danach attraktiver, schöner und anziehender zu sein.

Ich will das nicht schlecht reden: es kann durchaus sein, dass sich diese Zeitgenossen durch das künstlich aufgepäppelte Selbstbewusstsein hinterher tatsächlich besser fühlen ... eine größere Anziehungskraft im eigentlichen Sinn haben sie nicht erhalten. Jedenfalls nicht durch das veränderte Äußere – wenn doch, dann durch *ein besseres Selbstgefühl*, durch mehr *Selbstwert*. Denn den gibt sich jeder selbst...

Menschen mit Ausstrahlung bemerkt man

Sehen können Sie Attraktivität, Wirkung, Schönheit – aber Ausstrahlung ist etwas, das wortlos rüber kommt, das wir spüren, das uns „irgendwie" beeindruckt. Auch wenn Sie kaum etwas sagen: Sie wirken auch aus anderen Gründen auf andere ein, als durch Ihre bloße Erscheinung.

Natürlich kann ein schöner oder gut gebauter Mensch einen tiefen Eindruck auf uns machen. Aber ein Eindruck ist oft nur das Ergebnis von Äußerlichkeiten. Ein herausragender Sportler beeindruckt uns auch durch seine herausragende Leistung. Aber ist diese Wirkung, dieser *Eindruck* dasselbe, wie eine *Ausstrahlung*?

Bedenken Sie: Nicht nur was Sie tun wirkt auf andere – auch was Sie sind beeinflusst sie nachhaltig!

Fassen wir kurz zusammen:

1. Mit unserem Bewusstsein füllt auch unser Selbstbild den Raum aus. Darum sehen uns andere früher oder später so, wie wir uns selbst auch sehen.
2. Unser Mentales Feld lügt nicht. Darum können wir anderen nur eine gewisse Zeit lang etwas vormachen.
3. Andere spüren unser Mentales Raumfeld als unsere „persönliche Ausstrahlung".
4. Ausstrahlung kann man nicht sehen. Ausstrahlung bemerkt man aus dem Bauch heraus, wir spüren sie einfach – auch ohne dass Worte gewechselt werden.
5. Ausstrahlung und Selbstbild decken sich. Wie ist Ihr Selbstbild? Wie sehen Sie sich? Welches sind Ihre wichtigsten Überzeugungen von sich selbst?

4. Ändern Sie Ihr Selbstbild und kommunizieren Sie damit!

Ihr Selbstbild ist das Produkt Ihrer Erfahrungen

Psychologen wissen: Wir haben nicht von Anfang an ein bestimmtes Bild von uns selbst. Unser Eigenbild ist nicht angeboren, nicht von Anfang an in uns drin! Unser Selbstbild ist anfangs nur ein weißer Fleck, kein brauchbares Psychogramm.

Erst nach und nach lernen wir, uns selbst einzuschätzen, und zwar durch Vergleiche: Wir beobachten die Reaktionen, die wir bei anderen hervorrufen, und daraus leiten wir unseren Wert und unsere Stellung in der Gesellschaft ab.

Angenommen, Sie sind ein begnadeter Künstler. Sie malen oder musizieren herausragend gut – aber Sie wissen das noch nicht. Sie haben es noch niemandem vorgeführt, Ihr Selbstbild enthält noch keine Einschätzung Ihrer Fähigkeit.

Jetzt führen Sie es vor, zeigen es anderen – und bemerken enttäuscht, dass alle irgendwie abweisend reagieren, Sie hinterfragen gar nicht mehr, warum sie es tun – Sie basteln statt dessen sofort an Ihrer Selbsteinschätzung, an Ihrem Selbstbild. „Ich bin nicht begabt..." lautet die Botschaft, die Sie von den anderen herauslesen – und schon fühlen Sie sich nicht anerkannt, als Künstler minderwertig.

Jedes Erlebnis wird ein Baustein im „Eigenbild". Hätten die Zuschauer positiv regiert, Sie gelobt, ihre Achtung ausgedrückt: Sie hätten eine andere Einschätzung von sich selbst vorgenommen.

Erfahrungen bauen und korrigieren ständig das, was wir unser Eigenbild nennen: hier fügen wir einen Wesenszug hinzu, dort schwächen wir etwas ab ... und die immer gleichen und ähnlichen Erfahrungen runden das Bild über uns selbst schließlich endgültig ab. Dann sagen wir über uns: „Ich bin eben so ... ich kann dies oder jenes nicht ... darin bin ich gut ..." – und so weiter.

Wir „wissen" eines Tages, wie wir sind. Wir haben ein festes Selbstbild, das wir ganz selbstverständlich als unser eigen betrachten. Weil wir vergessen haben, wie es entstand, kommen wir gar nicht auf die Idee, es in Frage zu stellen. Wir handeln und reagieren vielmehr ganz selbstverständlich nach unseren Überzeugungen von uns selbst – *und dadurch verstärken wir diese Überzeugungen immer weiter.* Bis unser Selbstbild nicht nur von uns selbst, sondern auch von anderen als real vorhanden angesehen wird...

Wie ist Ihr Bild von sich selbst, von Ihren Stärken und Schwächen, Ihren Fähigkeiten und Kräften entstanden?

Wissen Sie noch, was Ihr Bild von Ihnen selbst aus der Taufe gehoben hat?

War Ihnen das überhaupt jemals bewusst?

Wie auch immer: unser Eigenbild ist meist fest in unserer Seele verankert, ist regelrecht in uns einprogrammiert. Unser Gehirn arbeitet mit diesem „Datenmaterial", pausenlos, Tag für Tag, Jahr für Jahr - und wird es auch weiterhin solange tun, bis es neu gefüttert wird durch neue Erfahrungen.

Wenn Erfahrungen unser Wissen von uns selbst fest zementiert haben: was können wir dann tun, um unser Selbstbild zu ändern?

Das Problem ist doch, dass wir im Alltag unsere Erfahrung nicht beliebig aussuchen können. Wir können unsere Umwelt nicht dazu bringen, uns auf bestimmte, uns nützliche Weise entgegen zu treten! Also müssen wir nach anderen Arten von Hilfen suchen – und eine wenig bekannte Eigenart unseres Gehirns kommt uns da überraschend entgegen...

Wie Sie Ihr Gehirn austricksen können

Es war ein seltsames Bild: eine Frau schrie hysterisch, ein Mann krabbelte auf dem Fußboden und zwischendurch knallte ein Pistolenschuss - und nebenan lag eine Versuchsperson auf der Liege, verkabelt mit Elektroden, die seine Hirnströme während dieses Theaters aufzeichneten.

Aber der entscheidende Teil der Versuche kam danach: Die Versuchsperson wurde aufgefordert, sich die gleichen Ereignisse - das Schreien, das Krabbeln, den Pistolenknall - *nur vorzustellen*. Als die Forscher dann die Wellenmuster der wirklichen Ereignisse mit denen der nur eingebildeten verglich, kamen sie aus dem Staunen nicht heraus: Beide waren identisch!

Versuche dieser Art wurden immer wieder gemacht – stets mit dem gleichen Ergebnis – aber was bedeutet das?

Es klingt vielleicht seltsam, aber die Schlussfolgerung ist zwingend: *Unser Gehirn unterscheidet nicht zwischen einem wirklichen Erlebnis und einem „nur" vorgestellten Erlebnis!* Erlebte und fantasierte Erfahrungen erzeugen die gleichen neuronalen Verknüpfungen in unseren grauen Zellen. Ob Sie sich ein Ereignis nur „einbilden", plastisch vorstellen, „herbei fantasieren" oder ob es tatsächlich stattfindet, ist für Ihr Gehirn dasselbe. Es wird auf die gleiche Weise reagieren.

Welche Chance für Veränderungen unliebsamer Verhaltensweisen!

Sie müssen nicht warten, bis Sie günstige Situationen erleben, um ein neues Verhalten einzuüben. Es reicht aus, sich diese Situationen nur *intensiv vorzustellen*. Sie „sehen" alles vor sich, Sie erleben in Ihrer Fantasie, wie Sie in bestimmten Situationen ganz anders reagieren, als bisher – und nach und nach bilden sich neue Gewohnheiten, neue Vorlieben oder auch neue Abneigungen.

„Einbildung macht stark!" sagt der Volksmund - immer mit einem abwertenden Unterton. Aber es ist wahr. Stellen Sie sich vor, Sie halten eine Zitrone in der Hand. Sie betrachten das gelbe, leicht schrumplige Stück Frucht, greifen zum Messer und trennen sie in zwei Hälften. Sie riechen das saure Aroma – und beißen hinein in das blasse Fruchtfleisch.

Malen Sie sich diese Situation ein wenig aus. Stellen Sie sich vor, wie sauer die Zitrone ist, wie sich Ihr Mund dabei zusammenzieht. Was ist jetzt mit Ihrem Speichel?

Bei den meisten reicht schon die Vorstellung, in eine Zitrone zu beißen, aus, um den Speichelfluss anzuregen. Das Wasser läuft uns im Mund zusammen – und das, obwohl in der äußeren Wirklichkeit nichts geschehen ist!

Vorstellungen wirken auf unseren Körper ein, indem sie das Gehirn aktivieren, um Körperreaktionen zu steuern. Warum sollten sie nicht auch in der Lage sein, auf die gleiche Weise unser Verhalten und unser Selbstbild zu lenken, zu beeinflussen, zu ändern?

Eins ist natürlich klar: die Wirkung von Vorstellungen wird um so intensiver sein, je plastischer und „echter" sie sind. Wer nur blass fantasiert und sich dabei auch noch bewusst ist, nur zu träumen, wird natürlich nicht die wirkliche Erfahrung ersetzen können. Eine Vorstellung wird nur dann einer Erfahrung ebenbürtig, wenn sie *verstärkt* wird – und das wollen wir in diesem Kapitel lernen.

Mit bestimmten Techniken hat jeder die Möglichkeit, „Erfahrungen" zu sammeln, ohne tatsächlich etwas zu erleben...

Zugegeben, eine etwas merkwürdig anmutende Wahrheit. Aber es ist so. Ihr Gehirn wird keinen Unterschied machen in seinen Reaktionen, wenn Sie statt Ihren Chef tatsächlich anzuranzen dies nur in Ihrer plastischen Fantasie tun! Und je mehr Sie auch alle Gefühle so echt wie möglich in Ihre Vorstellungen einbinden, desto sicherer wird Ihr Gehirn diese Einbildungen wie reale Ereignisse behandeln und entsprechend reagieren. Alles kommt nur auf die Genauigkeit, die Echtheit, die Plastizität eines geistigen Bildes an.

Einbildung macht eben tatsächlich stark!

Denn wir „sind" so, wie wir programmiert sind, und wir sind durch unsere Erfahrungen programmiert. Nur dass die meisten Menschen nicht einmal ahnen, dass unser Gehirn intensive Fantasieerlebnisse und wirkliche Erlebnisse nicht unterscheidet. Wir können also einen „Erfahrungsschatz" bilden, der gar nicht in der äußeren Wirklichkeit gewonnen wurde...

Für das Ergebnis spielt das keine Rolle.

Ob real erlebt oder intensiv vorgestellt: Erfahrungen „programmieren" uns, formen unsere Persönlichkeit, unser Verhalten, unsere Gewohnheiten, unsere Glaubenssätze, unseren Charakter, unser Selbstbild ... entscheidend ist allein die Intensität der Erfahrungen, seien es nun tatsächliche oder eingebildete.

Einbildung: Steuermann der Realität

Angenommen, vor Ihnen auf dem Boden liegt ein langes, nur 30 cm breites Brett. Sie sollen darauf spazieren gehen. Hätten Sie Furcht davor?

Wohl kaum: Mühelos marschieren Sie los - hundert Meter, wenn es sein muss. Keinerlei Aufregung dabei, kein Herzklopfen, keine Stressreaktionen.

Jetzt stellen Sie sich vor, wie das gleiche Brett zwei Wolkenkratzer verbindet. Es ist fest verankert und wackelt nicht, und es ist windstill. Und wieder sollen Sie darauf spazieren gehen. Was fühlen Sie jetzt? Marschieren Sie wieder ohne Bedenken los?

Bestimmt nicht! Sie stehen vor dem Brett in schwindelnder Höhe ... Sie bekommen Angstschweiß, Herzklopfen, Ihre Beine wackeln wie Pudding, Ihre Fantasie malt sich schreckliche Stürze aus ... Sie fühlen sich beklemmt, gehemmt, ängstlich...

Aber worin liegt der Unterschied zwischen beiden Brettwanderungen?

Das Brett hat seine Größe nicht verändert – die Bedingungen für Ihre Füße, Ihren Körper, Ihren Gleichgewichtssinn sind physikalisch gleich. Und trotzdem werden Sie nicht ruhig und gelassen zwischen den Wolkenkratzern hin und her spazieren. Ihr Verstand mag ruhig sagen: „Keine Gefahr" ... Ihre *Vorstellung* wird gleichzeitig sagen: „Gefährlich!"

Und Ihre Vorstellung wird siegen!

Wie in zahllosen anderen Situationen unseres Alltags auch. Denn Einbildungen sind nicht immer nur blasse unbedeutende Fantastereien, sie können durchaus messbar unseren Körper verändern. Beispiele gibt es genug: ob Sie sich Ihre Lieblingsspeise vorstellen und dadurch Ihren Speichelfluss anregen, oder ob freudige Erwartungen Ihre Wangen röten, Ärger Ihren Magen durcheinander bringt, Wut Ihren Blutdruck hochtreibt - oder, oder, oder: *immer verändert Ihr Bewusstsein, Ihre Vorstellung, Einbildung oder Fantasie Ihren Körperzustand.*

Unser Gehirn versucht, jede Einbildung in Realität zu verwandeln, weil für unser Gehirn das „Realitätsmuster" von Vorstellung und tatsächlicher Realität identisch ist.

Gleiches will Gleiches erzeugen.

Vorstellungen wollen sich der Wirklichkeit angleichen, wollen sich verwirklichen, weil sie aus der Sicht unserer Gehirne gleich, oder zumindest ähnlich sind.

Und sie verwirklichen sich ja auch ... mehr oder weniger langsam im Körper, weil sich körperliche Veränderungen oft nicht von heute auf morgen realisieren lassen - oder auch vergleichsweise schnell in Verhaltensreaktionen und Gewohnheiten.

„Alles nur Einbildung!" sagen viele abfällig und geringschätzig, wenn sie von positivem Denken und Fühlen hören. Weil Einbildungen für sie eher etwas Nebulöses und vor allem Nebensächliches sind, kümmern sie sich nicht weiter um sie - und verzichten unwissend auf ungeahnte Wandlungskräfte, die ihr Leben möglicherweise von Grund auf verändern könnten. Wenn sie es nur zuließen...

Warum also sollten wir diese abfällige Ansicht teilen? Wenn „Einbildungen" schon Schwerkranke gesund aufstehen ließen oder Gesunde erkranken lassen: welchen Sinn macht es dann, diese Kräfte abfällig zu bagatellisieren?

Nur weil man etwas nicht versteht und darum der bankrotten Überzeugung anhängt, dass alles Unerklärbare nur Unsinn sein kann?

Ist es nicht sinnvoller, diese Kraft zielstrebig für das eigene Leben zu nutzen, statt abfällig über sie zu reden?

Nutzen Sie die Chance, dass eingebildete und tatsächliche Erfahrungen für Ihr Selbstbild die gleiche Wirkung und Bedeutung haben!

Wenn Sie von Ihrem Erfolg überzeugt sind, werden Sie ihn haben - oder auch Misserfolg, wenn Sie ihn durch ängstliche Vorstellungen tatsächlich heraufbeschwören!

Erwartungen wirken wie Filter: Erwarten Sie negatives, blenden Sie unbewusst von vornherein alle positiven Informationen aus der Umwelt aus. Sie bemerken sie meist gar nicht, und wenn doch, stufen Sie sie als „unbedeutend" ein. Sie verkleinern das Positive und vergrößern das Negative, das Sie lesen, hören, sehen oder erleben. Was Ihren miesen Erwartungen entspricht, durchdringt mühelos Ihr internes Bewertungsfilter – und alles Positive wird zurück gehalten.

Verhaltensforscher legten einmal einer Henne ein Entenei zum Ausbrüten unter. Die Ente wuchs heran und lernte von ihren „Geschwistern", den Küken, dass sie ein Küken sei. Alle Erfahrungen - und das waren meist schlechte durch hackende junge Hühner - festigten das falsche Selbstbild der Ente, sie sei ein Huhn. Nicht einmal der Anblick anderer Enten brachte dieses schädliche

Selbstbild ins Wanken. Beharrlich glaubte die Ente, ein Huhn zu sein...

Mehr oder weniger sind wir alle solche Enten.

Beharrlich halten wir an einem Selbstbild fest, das sich allein durch Erfahrungen und unsere Gefühlsreaktionen darauf gebildet hat. Und als würde hier das physikalische Trägheitsgesetz gelten, beharren wir auf diesem Bild, *selbst wenn wir nüchtern einsehen müssten, dass es falsch ist.*

Aber unser Selbstbild ist nichts endgültiges. Es kommt uns nur so vor, weil wir stets davon tyrannisiert werden, weil wir es für real und unwandelbar halten und unser Wille auch nicht einfach dagegen an kommt.

Was also können wir tun, um unser Selbstbild zu verändern, neu zu gestalten?

Klar ist: der Verstand allein schafft es nicht. Sage ich mir: „Ich bin jetzt stark und überzeugend...", während ich zugleich fühle, dass es nicht stimmt, ist das Ergebnis gleich null. Das Gefühl stimmt, der Verstand will es betrügen – um es einmal banal auszudrücken. Wenn wir also neue Überzeugungen über uns selbst schaffen wollen, die so fest sitzen, dass Sie sie ganz von selbst ausstrahlen, dann helfen Verstand und Wille nur wenig.

Überzeugungen müssen tiefer sitzen, müssen *von innen heraus* wirken, kurz: wir müssen nicht allein wollen, wünschen und hoffen, wir müssen *wissen*, dass wir stark sind – oder sicher, gelassen oder sonst irgend wie. Wir müssen unser Vorhaben ins Unterbewusstsein „senken", denn das Bewusstsein denkt, *das Unterbewusstsein weiß!*

Lassen Sie Ihr Unterbewusstsein die Arbeit machen

Wir hängen nicht nur an unserem „Ich", wir können uns selbst auch nicht entrinnen! Wir sind Bewusstsein und wir können dieses Bewusstsein nicht „wegdenken". Wir können uns wohl vorstellen, dass ein Ball da ist oder nicht da ist – aber wir können dasselbe nicht mit dem Bewusstsein tun.

Unser Selbst ist eine eigenständige geistige Realität. Wir alle erleben es so. Niemand kann sein „Ich" leugnen – selbst dafür muss es zunächst einmal da sein. Wir können unserem Bewusstsein nicht entrinnen ... und es ist mindestens so wirklich, wie die Welt, die es erkennt. Wir wissen es aus eigener, unwiderlegbarer Erfahrung.

Aber das Ich ist nur der Brennpunkt unseres Selbst. Ist nur das, was in unserer Aufmerksamkeit liegt, was uns bewusst ist. Unser Selbst ist umfassender, hat eine gigantische Größe, die uns selten bewusst ist. Darum nennen wir es das Unterbewusstsein.

Im Vergleich zum Unterbewusstsein ist das Bewusstsein ein mickeriger Schwächling. Wird dem Unterbewusstsein eines Hypnotisierten suggeriert: „Das Geldstück auf der Hand ist glühend heiß!", erzeugt es problemlos eine echte Brandblase. Versuchen Sie das mal durch einen gedanklichen Befehl Ihres Bewusstseins...

Was sich in unserem Bewusstsein abspielt, ist bedeutend und wichtig für uns – aber es hat nur wenig verändernde Kraft auf unser Selbstbild. Gewöhnliche Gedanken gleichen Sternschnuppen, die kurz aufleuchten und dann verlöschen, ohne eine Spur zu hinterlassen.

Aber Sie können schwache Gedanken *verstärken*, ihre Kraft, ihre Wirkung verdoppeln, verzehnfachen – Sie müssen sie lediglich in Ihr Unterbewusstsein bringen. Dann geht alles wie von selbst. Dann erschaffen Sie sich auch ein neues Selbstbild...

Werden Sie zum Hypnotiseur „in eigener Sache": Geben Sie einer Idee die Kraft von tausenden

Mit der Technik der nonverbalen Selbsthypnose machen Sie aus einem Gedankenschwächling ein geistig-seelisches Kraftpaket. Und dafür brauchen Sie keine besonderen Fähigkeiten und keine speziellen Kenntnisse.

Einzige Voraussetzung: Sie müssen die Fähigkeit zur totalen Entspannung erwerben. Das ist alles. Denn nur aus der totalen „körperlosen" Entspannung heraus können Sie tiefenseelische Kraftquellen erreichen und mobilisieren. Gewöhnliche Zustände des Bewusstseins helfen da nicht viel – sie bewirken eben nur gewöhnliche Ergebnisse...

Erforschen Sie die Kräfte, die in Ihnen schlummern, es lohnt sich! Vielleicht steckt mehr in Ihnen, als Sie jemals erträumen würden. Vielleicht wartet ein geistiger Herkules auf seine Befreiung. Vielleicht sind die Grenzen der anderen für Sie nur Durchgangsstation?

Sie werden es nur erfahren, wenn Sie es ausprobieren!

Der erste Schritt: Tiefen-Entspannung

Sie können in diesem Zustand Ihr Unterbewusstsein erreichen und nutzen – mühelos, auch wenn es sonst eine "black-box" für Sie ist!

Was viele Menschen unter Entspannung verstehen, hat nicht viel gemeinsam mit dem, was wir hier üben werden. Uns geht es um „Entspannung total" ... und das ist mehr, als ein wenig ausruhen, als Fernsehen, ein Spaziergang, oder das Dösen auf dem Sofa.

Totale Entspannung lässt Ihren Körper regelrecht „einschlafen". Sie vergessen ihn, weil er keine Aktivitäten mehr meldet. Nur Ihr Geist bleibt wach.

Totale Entspannung nutzt Ihnen mehrfach.

Zum Einen als Gesundheitsfaktor: das tiefe Ausruhen des Körpers geht mit ebenso tiefer Erholung einher. Der Körper ruht tief und fest ... er regeneriert ... er sammelt neue Kraft. Nur eine halbe Stunde in diesem Zustand hat den gleichen Erholungseffekt, wie ein paar Stunden Nachtschlaf. Probieren Sie's aus.

Aber noch wichtiger: dieser Zustand ist ideal, um mit seinem Unterbewusstsein in Berührung zu kommen. Weil der Körper ruht, kann sich das Bewusstsein viel besser sammeln, kann besser „in sich hinein horchen".

Übrigens: es wird Ihnen nicht gelingen, schon beim ersten Versuch die totale Entspannung zu erreichen. Es sei denn, Sie haben bereits Erfahrung mit anderen Entspannungstechniken. Machen Sie sich also nichts daraus, wenn es anfangs ein wenig mühsam vorwärts zu gehen scheint.

Bleiben Sie gelassen.

Nehmen Sie sich Zeit für mehrere Versuche. Es wird – das ist sicher – mit jedem mal einfacher gelingen, besser werden und schneller vorangehen.

So setzen Sie Ihren Körper in Tiefschlaf

„Tiefschlaf des Körpers" bedeutet eigentlich nur tiefe Entspannung, aber tiefe Entspannung ist mehr als das Lockern der Schultern. Mehr auch, als das „entspannte" Lesen eines Buches nach Feierabend.

Tiefschlaf des Körpers heißt: während der Körper schläft und ruht und völlig gelöst ist, bleibt das Bewusstsein wach, hellwach sogar. Üben Sie es in Etappen:

Legen Sie sich hin ... atmen Sie ein paar mal tief ein und aus ... räkeln Sie sich, bis Sie ruhig liegen bleiben können.

Achten Sie jetzt auf Ihre Kopfhaut und entspannen Sie sie. Auch wenn es merkwürdig klingt: die Kopfhaut verspannt sich leicht, wenn wir unter Belastungen stehen. Entspannen Sie sie, und dann wandern Sie mit Ihrer Aufmerksamkeit zu Ihren Augen. Auch die sind schnell verkrampft. Meist fällt es uns gar nicht mehr auf. Entspannen Sie ganz bewusst - aber ohne Anstrengung! - Ihre Augen...

Dann lassen Sie bewusst Ihre Arme und Beine los ... lassen Sie sich fallen. „Kriechen" Sie jetzt bewusst in Ihren Körper hinein ... beginnen Sie mit Ihren Füßen: spüren Sie ganz bewusst, dass Ihre Füße da sind ... fühlen Sie, wie sie nach und nach wärmer und ein wenig schwerer werden ... fühlen Sie nacheinander die Fußsohlen, die Knöchel, den ganzen Fuß ... spüren Sie, wie alles immer schwerer wird ...

Inzwischen wird Ihre Kopfhaut wieder angespannt sein: lassen Sie wieder los ... auch die Augen. Wiederholen Sie die Entspannung dieser kritischen Stellen zwischendurch ruhig noch einmal.

Dann wandern Sie mit Ihrer Aufmerksamkeit höher zu Ihren Waden: spüren Sie sie bewusst ... fühlen Sie, wie sie wärmer und schwerer werden. Dann richten Sie Ihr Bewusstsein auf Ihre Knie ... und wieder dasselbe: fühlen Sie "das Innere" Ihrer Knie ... erleben Sie, wie alles wärmer und schwerer wird...

Und weiter geht Ihre Aufmerksamkeit hinauf in die Oberschenkel ... und wieder fühlen Sie die Wärme und die beginnende Schwere Ihrer Beine. Wandern Sie dann weiter in Ihre Gesäßmuskeln: lasse Sie Ihr Gesäß los ... lassen Sie Ihre Beine los...

Fühlen Sie dann Ihre Hände, Ihre Unterarme und Oberarme ... lassen Sie sie los ... sagen Sie sich innerlich, dass es nichts für sie zu tun gibt ... fühlen Sie auch in Ihren Armen wieder die Wärme und Schwere ... und dehnen Sie dann die Schwere auf Ihren ganzen Körper aus.

Lassen Sie bewusst Ihren Körper los, geben Sie sich ganz dem liegen hin, lassen Sie Ihren Körper liegen, wie ein nasses Tuch auf dem Boden liegen würde - und fühlen Sie nur noch die Wärme und Schwere, die Sie ganz und gar umfängt.

Ziehen Sie jetzt Ihr Bewusstsein in Ihr Herz oder in Ihren Kopf zurück ... Je nachdem, was Ihnen leichter fällt. Atmen Sie ruhig - lassen Sie den Atem gehen, wie er will.

Der nächste Schritt: lassen Sie Gefühle und Gedanken los ... und fühlen Sie nur noch „Ich bin..."

Denken Sie an nichts besonderes mehr. Lassen Sie die Gedanken kommen und wieder gehen. Beobachten Sie nur Ihr Treiben. Gedanken ziehen wie Wolken auf dem Schirm Ihres Bewusstseins vorüber ... lassen Sie sie wieder gehen.

Genießen Sie einfach das Dasein. Mehr nicht. Wollen Sie nichts, erwarten Sie nichts - erfreuen Sie sich einfach daran, *zu sein* - zu leben.

Immer mehr verlieren Sie dabei Ihr Körpergefühl. Und schließlich bestehen Sie nur noch aus *Sein*, aus Bewusstsein ... ohne Raum, ohne Zeit.

Jetzt sind Sie total entspannt. Sie spüren Ihren Körper nicht mehr ... Sie haben das Gefühl, schwerelos zu sein ... aber etwas Unbezahlbares ist eingetreten: *die Tore zu Ihrem Unterbewusstsein sind jetzt weit geöffnet.*

Jeder Impuls, jede Vorstellung, jeder Gedanke, der jetzt Ihr Bewusstsein ausfüllt, sackt in diesem Zustand mühelos in Ihr Unterbewusstsein ... und es wird nicht ruhen, bis alles verwirklicht wurde. Eine grandiose Chance für Änderungen an sich selbst, die auch der stärkste Wille nicht fertig bringen würde!

Aber bleiben Sie jetzt wach!

Das ist wichtig für alle weiteren Übungen, denn nur in diesem Zustand sind Sie so nah an Ihrem Unterbewusstsein, dass Sie es in seiner „Sprache" ansprechen können!

Bilder und Gefühle sind das Alphabet, das Ihr Unterbewusstsein versteht...

Unser Geist ist wie ein Eisberg. Da ragt eine kleine Spitze aus dem Wasser – aber unter der Wasseroberfläche verbirgt sich ein gigantisches Eismassiv. Auch bei unserem Geist ist nur eine kleine Spitze bewusst, aber der viel größere Teil unseres Selbst liegt unterhalb des Bewusstseins.

Aber die Analogie geht noch weiter: Was treibt einen Eisberg in eine bestimmte Richtung? Ist es der Wind, der gegen die Spitze bläst?

Nein – es sind die Strömungen unter Wasser, die das unsichtbare Massiv schieben. Da mag der Wind auf der sichtbaren Oberfläche blasen, soviel er will: wenn die Strömung unter der Oberfläche in eine andere Richtung geht, wird der Eisberg dorthin wandern.

Und genauso ist es bei unserem Geist. Das aber heißt: *Jedes Vorhaben, das wir gegen die unbewussten „Strömungen" unseres Geistes durchsetzen wollen, ist zum Scheitern verurteilt!*

Das Unterbewusstsein hat den längeren Atem. Immer und überall. In jeder Situation, bei jedem Vorhaben, bei jedem Problem. Es diktiert unser Leben viel stärker, als unser Verstand wahr haben will. Wir erkennen das nicht, weil wir unser Unterbewusstsein nicht kennen, weil es uns nicht bewusst ist...

Können Sie sich vorstellen, was es bedeuten würde, dieses Unterbewusstsein zum Freund zu haben, statt gegen es an zu arbeiten?

Genau das ist das Ziel: sich mit dem eigenen Unterbewusstsein *anfreunden*, sich mit ihm verbünden, mit ihm „reden" in der Sprache, die es versteht...

Übrigens ist der umgekehrte Weg, wenn also Ihr Unterbewusstsein Ihren Verstand erreichen will, der gleiche: Sie haben ein *merkwürdiges Gefühl*, wenn sie Unheil ahnen - und Sie haben dies Gefühl, weil Ihr Unterbewusstsein längst weiß, dass etwas nicht stimmt, es aber nicht anders ausdrücken kann, als in "seiner Sprache".

Visionen oder visionäre Träume können auch der bildhafte Ausdruck Ihres Unterbewusstseins sein, das Ihnen vielleicht eine geniale Idee oder einfach das Wissen um unbekannte Zusammenhänge beibringen will.

Leider hören die meisten Menschen nicht auf diese Botschaften Ihres Unterbewusstseins. Sie ignorieren Intuitionen – weil in unserer hauptsächlich intellektuell und rational orientierten Gesellschaft alles, was „aus dem Bauch" kommt, als minderwertig, fantastisch, irrational, unklar, kurz: als unbedeutend angesehen wird.

Mag sein, dass viele dieser Botschaften tatsächlich unbrauchbar sind. Aber es müssen nicht alle so sein – aber wie wollen Sie die brauchbaren erkennen und nutzen, wenn Sie alles ignorieren, was aus dem Gefühl kommt?

Entwickeln Sie Visualisierungen – das „innere Sehen"

„Visualisieren - was ist das?"

Wenn Sie eine rote Rose anschauen, dann bildet Ihr Geist mit Hilfe des Gehirns die Farbe Rot nach. Die Farbe ist das Ergebnis einer Zusammenarbeit von Gehirn und Geist. Ihre Augen haben Signale empfangen und in Nervenbotschaften verwandelt, und daraus haben Bewusstsein und Gehirn die Farbe und Form der Rose konstruiert.

Wenn Ihr Bewusstsein das gleiche Bild der Rose *ohne Signale von den Augen erzeugt* – also während Sie die Augen geschlossen halten -, dann haben Sie die Rose visualisiert.

Visualisierungen sind mehr, als nur Einbildungen. Sie sind „echter" als die vagen Vorstellungen, die uns manchmal das Leben schwer machen. Sie sind auch klarer, als die schattenhaften Bilder, die unsere Fantasien bevölkern. Einbildungen sind meist recht unscharf, vor allem aber flach. Wenn Sie mit geschlossenen Augen vor sich hin träumen oder phantasieren, dann ist das, als sähen Sie einen Film vor Ihren geschlossenen Augen ablaufen.

Visualisierungen sind dagegen klar und deutlich, so wie ein Film klar und scharf gezeichnet auf der Leinwand erscheint. Jedes Detail ist erkennbar. Nichts geht beim „genaueren hinsehen" vor geschlossenen Augen verloren.

Auch hier gilt: *Übung macht den Meister*. Visualisierungen sind anfangs nun mal nicht sonderlich deutlich. Auch nicht sehr farbenprächtig. Und sie halten sich nicht lange erkennbar vor dem „geistigen Auge". Sie vernebeln einfach, lösen sich im Hintergrund vor den geschlossenen Augen auf.

Aber das ändert sich von Übung zu Übung, von Tag zu Tag. Denn mit dem praktischen Visualisieren stärken Sie genau die mentalen Fähigkeiten und Kräfte, die Sie eigentlich zum Visualisieren brauchen, um zu visualisieren! Ein perfekter Kreislauf...

Eine Gefahr lauert allerdings beim Visualisieren: es kann schön und angenehm werden. Je besser Ihnen die Bilder gelingen, je klarer und farbenfroher Ihr „inneres Kino" funktioniert, desto mehr kann das Visualisieren zum Ersatz für positives Erleben im Alltag werden.

Bei labilen Menschen kann dies einen fatalen Hang zur Weltflucht auslösen – als Mittel, mit dem sie einer unangenehmen Situation entfliehen, indem Sie sich in eine andere Realität begeben. Mancher sagt „Scheinrealitäten" dazu, aber Scheinrealitäten gibt es nicht. Was Sie meinen ist eine Realität, die von anderen nicht geteilt wird, die nur für die eine Person da ist.

Es sind nur wenige Menschen, bei denen diese Gefahr wirklich wird – aber seien Sie wachsam! Achten Sie auf sich selbst, beobachten Sie Ihre Ziele, Ihre Motive. Schau'n Sie ehrlich in sich hinein – dann kann Ihnen nicht wirklich etwas geschehen, das Ihnen auf Dauer schadet.

Wir neigen immer dazu, alles als Hirngespinst abzutun, was nicht von der gesamten Menschheit so wahrgenommen wird. Aber kann etwas außerhalb der Realität existieren?

Alles, was irgendwo „da ist", selbst Ihr ganz persönlicher Traum, ist doch innerhalb der Realität ... eben nur nicht innerhalb der Realität der restlichen Menschheit. Aber lassen Sie uns nicht um Begriffe streiten, sondern wieder zum Missbrauch zurück kehren.

Vorsicht auch vor Übertreibungen!

Die erforderliche Konzentration für das Visualisieren kann, wenn sie übertrieben wird, durchaus das Nervenkostüm (wie man so schön sagt) angreifen. Dann sind Nervosität, Müdigkeit, vielleicht auch Erschöpfungszustände die Folge. Aber bitte: nur wenn die Übungen übertrieben werden, wenn man unvernünftig schnell voran kommen will und deshalb alle Maßhaltungsregeln in den Wind schlägt!

Aber gilt das nicht für alles, was wir tun? Wenn wir zuviel essen, bekommen wir auch Probleme. Alles kann übertrieben werden, sogar das Ausruhen...

Verbinden Sie Ihre Visualisierungen mit Gefühlen ... und Sie haben den besten Zugriff auf die Macht Ihres Unterbewusstseins

Weil Sie dann die „Ursprache" Ihres Geistes sprechen. Es gibt eine Reihe von Übungen, mit denen Sie das Visualisieren üben. Sie werden sehen, dass es anfangs vielleicht noch mäßige Ergebnisse gibt, bald aber eine Art „Damm" bricht: Ihre inneren Bilder werden lebendiger, farbiger - kurz: wirklicher!

Es ist wie das Lernen einer Fremdsprache. Anfangs reden Sie nur ein paar vorgegebene Worte oder Sätze. Aber nach und nach kriegen Sie ein Gefühl für die Sprache, bilden bald eigenständig Sätze und Kombinationen von Worten. Selbst die Grammatik klappt dann.

Ähnlich bei der Sprache Ihres Unterbewusstseins. Sie trainieren mit jeder Übung auch die Fähigkeit des Bilder-Denkens, und dafür ist es anfangs völlig egal, welche Übung Sie machen.

Die ersten Schritte wollen also weniger konkrete Ergebnisse erzielen, als die Fähigkeit zum bunten, lebendigen Bilder-Denken trainieren. Etwa so, wie ein Marathonläufer auch nicht ständig ein festes Zeitziel hat, sondern manchmal auch nur das Laufen selbst trainiert.

Betrachten Sie die Dunkelheit vor geschlossenen Augen und stellen Sie sich vor, wie plötzlich aus der schwarzen Dunkelheit heraus vor Ihnen die Ziffer "1" steht ... ein paar Meter entfernt, vielleicht auch viel weniger ... einen halben Meter groß, oder auch kleiner.

Lassen Sie die Ziffer einfach so sein, wie sie auftaucht. Geben Sie ihr die Farbe, die Ihnen besonders sympathisch ist. Die Ziffer kann verschnörkelt sein oder schlicht, lassen Sie sie einfach so sein. Bringen Sie ein wenig Gefühl in die Übung (auch Gefühle gehören zur Sprache des Unterbewusstseins), indem Sie sich über das reine Leuchten der Ziffer wundern, und auch über den starken Kontrast, den sie zum pech-schwarzen Umfeld bildet.

Machen Sie sich zwischendurch auch wieder der Schwärze bewusst, die sich um Sie herum "ausbreitet", eine tiefe Dunkelheit, bei der Sie nichts mehr erkennen können, als diese leuchtende Ziffer. Schau'n Sie sich diese imaginierte Ziffer genau an: erkennen Sie die Konturen, die eine "1" ausmachen, verfolgen Sie mit Ihren geistigen Augen die Kontur der ersten Ziffer ... und nun das Wichtigste: sobald die Ziffer undeutlich wird, oder ganz aus Ihrem geistigen Blickfeld verschwindet, lassen Sie blitzartig die Ziffer "2" vor Ihnen entstehen...

Und wieder das gleiche: staunen Sie über den Kontrast der Ziffer zum Schwarz seiner Umgebung, erkennen Sie bewusst mit Ihren geistigen Sinnen die Konturen, die Farbe ... fahren Sie mit Ihren geistigen Blicken diese Konturen entlang ... und sobald die "2" beginnt, undeutlich zu werden, geht es weiter mit der nächsten Ziffer ... und so weiter, und so weiter.

Es kann sein, dass Ihnen diese Übung leicht fällt, weil Sie vielleicht der geborene Bilddenker sind. Dann haben Sie es natürlich leichter gegenüber denen, die sich nur schwer ein inneres Bild vergegenwärtigen können.

Aber Sie sollten diese Übung trotzdem ein paar mal machen, weil sie über das Bilddenken hinaus noch etwas trainiert: die Fähigkeit zur Konzentration. Alle, die eher „Wortdenker" sind, haben zumindest einen Trost: die Übung wird von mal zu mal leichter gehen! Lassen Sie sich also nicht davon abhalten, sie häufig zu wiederholen: *die geistigen Bilder erscheinen mit jeder Übung leichter und intensiver, die Farben werden klarer, leuchtender.*

Wenn Sie diese Übung ein paar mal gemacht haben, können Sie eine zweite, ähnliche dazu nehmen:

Schließen Sie die Augen. Stellen Sie sich vor, Sie sitzen in einem völlig abgedunkelten Kinoraum. Alles ist schwarz um Sie herum, nur vor Ihnen, ein paar Meter entfernt, erkennen Sie die rechteckige Kinoleinwand, wie sie ein wenig aus der Dunkelheit heraus schimmert.

Jetzt sehen Sie, wie die Leinwand heller wird, bis sie weiß leuchtend vor Ihnen steht. Lassen Sie nun die Leinwand langsam farbig werden. „Sehen" Sie, wie das Weiß gleichmäßig durch eine andere Farbe ersetzt wird, zum Beispiel Gelb.

Lassen Sie die Leinwand langsam wechseln, nicht plötzlich. Schauen Sie bewusst zu, wie das Weiß sich langsam, aber klar erkennbar in Gelb verwandelt – bis die ganze Leinwand in leuchtendem Gelb erstrahlt...

Dann wechseln Sie in eine andere Farbe. Genauso langsam. Welche Farbe Sie nehmen, bleibt Ihnen überlassen. Nehmen Sie einfach die, die sich fast von selbst einstellt. Verkrampfen Sie nicht. Die Farbe selber ist unbedeutend, es kommt allein darauf an, den ganzen Vorgang bewusst und kontrolliert auszuführen!

„Kämpfen" Sie nicht. Kampf ist gleich Krampf – und der verhindert eher das Gewünschte. Einfach nur wünschen, "erwarten", dass sich eine Farbe auf der Leinwand ausbreitet, dann wird es fast von allein so geschehen. Denn Wünsche sind näher am Unterbewusstsein, als das rational gesteuerte Wollen...

Üben Sie alle Visualisierungen immer nur solange, wie Sie ohne gewaltsame Anstrengung können. Das ist ganz wichtig! Die Betonung liegt auf *gewaltsame* Anstrengung ... ganz ohne Mühe wird sie sicher nur bei ausgesprochen begabten Menschen gehen.

Sie werden sehen, dass es von mal zu mal immer länger geht, weil durch das Training gerade die Kräfte Ihres Unterbewusstseins aktiviert und gestärkt werden, die Sie dafür brauchen. Und eines Tages werden Sie dann merken, dass Sie Bilddenker geworden sind und sich ganz von selbst, sozusagen automatisch, von allen Aufgaben oder Problemen erst einmal „ein Bild machen".

Noch mal: Allein Übung macht den Meister, macht aus blassen, un-scharfen Vorstellungen nach und nach klare, scharf umrissene und farbenprächtigere Visualisierungen.

Was nutzen Visualisierungen?

Bunte Farben sehen, Zahlen erscheinen und verschwinden lassen ... damit können Sie praktisch natürlich nicht viel anfangen in Ihrem Leben. Die Übung an sich hilft Ihnen bei keinem einzigen Ihrer Probleme.

Soll sie auch gar nicht.

Solche Übungen haben nur vorbereitende Aufgaben. Mit den Visualisierungen graben Sie einen Kanal zum eigenen Unterbewusstsein. *Visualisierungen sind wie eine Eintrittskarte in die Tiefen Ihres Selbst* – aber noch stehen Sie außerhalb. Es ist, als schauten Sie durch eine Öffnung von außen in sich hinein. Sie sprechen durch diese „Öffnung" mit Ihrem inneren Selbst – aber Sie sind immer noch von ihm getrennt.

Natürlich können Sie jetzt richtige „Filme" auf der geistigen Leinwand ablaufen, in denen Sie eine Hauptrolle spielen. Die Rolle, die Sie im wirklichen Leben vielleicht gern spielen würden. In manchen Büchern wird dies auch als Training für Veränderungen im eigenen Leben angepriesen.

Ich halte nicht viel von dieser Technik.

Aus einfachen Grund: sie ist lebensfern. Wir sehen uns im Alltag doch auch nicht als außen stehende Figuren durchs Leben turnen. *Wir erleben alles unmittelbar.* Wir *sind* das Zentrum im eigenen Sein, nicht nur Beobachter! Wir betrachten unser Leben nicht von außen wie auf einer Leinwand, wir bewegen uns in dieser Leinwand ... und diese „Leinwand" des wirklichen Lebens ist *dreidimensional*, nicht flach und dünn.

Machen wir also etwas anderes.

Statt auf einer imaginären Leinwand ein Scheinleben wie eine Computerfigur zu spielen, erleben wir im veränderten Bewusstsein etwas so unmittelbar, so real, so dreidimensional, als wäre es im tatsächlichen Alltag. Mit einem klaren Ziel: wir wollen durch gezieltes Erleben unser Unterbewusstsein „überreden", ein neues Selbstbild zu akzeptieren.

Dann spielen wir keine neue Rolle, wie beim einfachen Verhaltenstraining. Wir schauen uns auch nicht zu beim neuen Verhalten, als wären wir gespaltene Persönlichkeiten, die sich selbst von außen betrachten können – wie es manche Visualisierungstechniken fordern.

Wir werden tatsächlich anders. Unsere Überzeugungen von uns selbst verändern sich von innen heraus. Wir müssen unser Unterbewusstsein nicht täuschen, damit es glaubt, wir sind anders, nein: weil unser inneres Selbst ein neues Wissen, neue Überzeugungen hat, denken, fühlen und verhalten wir uns ganz von selbst entsprechend.

Wir sind dann anders geworden, wir tun nicht nur so...

Entfalten Sie mit der nonverbalen Selbsthypnose ein neues Selbstbild

Zunächst: wie soll Ihr „neues Selbstbild" sein?
Wissen Sie genau, wie es sein soll, wie Sie auf andere wirken wollen, was andere von Ihnen „denken" sollen?
Es macht wenig Sinn, heute dies und morgen jenes zu wollen. Denken Sie daran: Sie geben Ihren Unterbewusstsein einen Auftrag, den es ausführen wird. Genau so, wie er gegeben wird. Nicht anders. Jede Absicht, jeder bildhafte oder gefühlsmäßig untermauerte Impuls in diesem Zustand ist ein Befehl an Ihr Unterbewusstsein – und Ihr unbewusstes Selbst wird nicht ruhen, bis sie realisiert ist!
Damit ist klar: Wischi-Waschi-Aufträge an das Unterbewusstsein werden auch nur Wischi-Waschi-Ergebnisse bringen. Verschwommene Befehle geben verschwommene Ergebnisse. Und ein Durcheinander verschiedener Aufträge wird vom Unterbewusstsein auch als Chaos erledigt.
Ganz wichtig: unser Unterbewusstsein kennt keine Kritik. *Es kann nicht bewerten.* Es nimmt alles furchtbar wörtlich, und es wird seine Aufträge genauso wörtlich und kritiklos erledigen, wie sie beim ihm eingehen.
Es lohnt sich deshalb, zunächst in Ruhe nachzudenken: wie möchte ich wirklich sein?
Klar, dass wir alle mehrere Wünsche in dieser Richtung haben, aber Sie erreichen mehr, wenn Sie erst *ein* Ziel erreichen und danach ein zweites anstreben. Wenn Sie in jeder Versenkung gleichzeitig Selbstvertrauen, Sparsamkeit und Gelassenheit anstreben, werden Sie sicher auch von allem etwas erreichen – aber eben nur etwas.

Weniger ist also mehr. Warum auch eilen? Haben Sie nicht jahrelang mit Ihren vermeintlichen Schwächen oder Mängeln gelebt? Kommt es jetzt wirklich auf ein paar Tage oder Wochen länger an?

Wenn Sie es eilig haben, nehmen Sie sich Zeit!

Was Sie vorher an Mühe investieren, Ihr erstes genaues Ziel festzulegen, das sparen Sie anschließend an Zeit, es zu erreichen. Das gilt genauso für die Entspannungstechnik. Wird sie nur mittelmäßig ausgeführt, erreichen Sie auch Ihr Unterbewusstsein nur mittelmäßig. Wie wird dann wohl das Ergebnis sein?

Machen Sie Erfahrungen, ohne tatsächlich etwas zu erfahren...

Nehmen wir ein Beispiel.

Angenommen, Sie sind ein Angsthase. Sie fürchten alles und jeden. Sie hassen Auseinandersetzungen, weil Streit und Kraftakte nicht in Ihr Weltbild voller Harmonie und Frieden passen. Sie fühlen sich anderen unterlegen, sind ihren Angriffen nicht gewachsen – und entsprechend nervös und aufgeregt, wenn Sie sich mal behaupten müssen.

Damit soll Schluss sein. Ihr Traum: alle haben Respekt vor Ihnen. Niemanden müssen Sie fürchten, weil Sie sich stark und unbesiegbar fühlen. Sie sind mutig, sind stark, sind kraftvoll...

Sie entspannen sich, wie bereits beschrieben ... Schritt für Schritt. Ihr Körper wird schwer und warm ... schließlich „vergessen" Sie ihn ... schweben nur noch als ein „Ich bin..." im Raum – *aber Sie haben geübt, wach dabei zu bleiben.* Und wenn Sie tatsächlich mal einschlafen, wissen Sie, dass Sie hinterher ausgeruht aufwachen – erholter, als nach manchem Nachtschlaf.

Jetzt liegen Sie – wach und doch in sich versunken – und denken an eine typische Situation, in der Sie bisher immer „falsch" reagiert haben, in der Sie schwach und ängstlich waren. Sie *sind* in diesem Raum, in dieser typischen Situation, und Sie fühlen sich – wie immer – ein wenig mies dabei.

Sie sehen im Geist alles klar vor sich, weil Sie auch das Visualisieren geübt haben. Aber nicht, wie einen Film auf der Leinwand! Sie sehen sich nicht als fremde Person, *Sie erleben es aus Ihrer gewohnten Perspektive.* Sie erleben es geistig nach, ganz real. Sie fühlen, Sie denken, Sie sehen und hören – Sie „sind" mitten in der typischen Situation.

Aber Sie haben alles im Griff, denn jetzt kommt es: Sie drehen den Spieß um. Sie handeln anders, als bisher. Sie trumpfen auf, behaupten sich, streiten, wenn es sein muss, und Sie finden die passenden Worte, weil Sie gelassen bleiben. Sie sind souverän – Ihr Gegenüber macht sich lächerlich...

Seien Sie ruhig überrascht über sich selbst. Überwinden Sie in der Visualisierung den automatischen Reflex, wieder in das alte Angsthasenverhalten zu fallen. Das kann durchaus ein wenig Energie kosten. Schließlich haben Sie jahrelang dieses Verhalten gefestigt.

„Steter Tropfen höhlt den Stein" sagt der Volksmund, und er hat Recht. Wiederholen Sie Ihre neuen Erfahrungen, Ihr neues Verhalten so oft wie möglich. Anfangs ist es noch Ihre „zweite Natur", aber nach und nach wird es zur ersten. Variieren Sie die Situationen, wandeln Sie sie ab, lassen Sie Ihrer Fantasie freien Lauf. Erfinden Sie neue Erfahrungen neue Situationen, neue Erlebnisse. Wichtig sind nur Ihre neuen Reaktionen, die Ihnen bald gar nicht mehr neu, sondern selbstverständlich werden können ... eben Ihrem Selbst verständlich.

Gefühl und Bild – denken Sie daran: das sind Ihre Verbündeten im Ringen um ein neues Selbstbild, um neues Verhalten, neue Überzeugungen von sich selbst.

Entwickeln Sie Ihr neues Selbstbild und „strahlen" Sie es in den Raum...

Das „Ich bin ängstlich" wird zum „Ich bin mutig und stark", wenn es als „Ich bin.." erlebt wird. Denn es geht ums Sein – nicht ums Tun. Sie *sind* mutig, stark und selbstsicher, Sie tun nicht so, als ob, Sie handeln nicht nur so, als wären Sie es.

Achten Sie in der Versenkung auf Ihr Gefühl, wenn Sie in Ihren Visualisierungen handeln: Spüren Sie Ihre Kraft, Ihren Mut in sich?

Vergegenwärtigen Sie sich diese neuen Gefühle immer wieder, denn wie gesagt: Bilder und Gefühle programmieren das Unterbewusstsein, weil sie seine Sprache reden. Erleben Sie Gefühle der Kraft, des Mutes, der Sicherheit in der Versenkung – anfangs noch zusammen mit visualisierten Erlebnissen, aber bald können Sie beides trennen.

Dann erleben und fühlen Sie nur noch die neue Sicherheit, das neue Selbstvertrauen, die neue Stärke – die ja schon gar nicht mehr neu ist. Dann fühlen Sie, ja dann sind Sie so, wie Sie immer sein wollten...

In dieser Phase des Trainings können Sie leicht das neue Wissen von sich selbst mit Ihrem Mentalen Raum-Feld verbinden. Sie fühlen diese Kraft nicht mehr vage „in Ihrer Brust", *sondern auch um Sie herum*. Sie prägen es Ihrer Umwelt auf. Sie senden es nach außen als Hintergrund Ihrer Gedanken und Gefühle.

Und es findet seinen Weg in andere Gehirne, in anderes Bewusstsein.

Tun Sie es ruhig bewusst: senden Sie Ihr Selbstbild, Ihre Überzeugung von sich selbst, Ihr Wissen von sich, also sich selbst in den Raum. Weiten Sie sich aus – füllen Sie bewusst den Raum um sich herum mit Ihrem Innenleben aus. Sie wissen doch: was beachtet wird, wird verstärkt. Auch Ihr Selbstbild, wenn es im Raum ist...

Sie können Ihr Selbstbild auch gezielt an bestimmte Menschen „schicken"...

Andere haben ein Bild von Ihnen, das Sie eigentlich nicht so recht wiedergibt. Zum Beispiel Ihr altes Selbstbild. Das wollen Sie ändern.

Sie gehen in die Entspannung und versenken sich in Ihr „Ich bin...". Wenn Sie jetzt an jemanden denken, dann kann es sein, dass Gefühle in Ihnen auftauchen. Angenehme oder weniger angenehme. Vielleicht sind das Ihre eigenen Erinnerungen, Erfahrungen mit diesem Menschen, die sich jetzt als Gefühl tarnen.

Vielleicht haben Sie einen Rapport zum Unterbewusstsein des anderen gebildet und fühlen diese Verbindung. Vielleicht lehnt der andere sie innerlich ab – und darum fühlen Sie Spannungen. Oder der andere ist Ihnen überlegen - dann kann es sein, dass Sie sich bedrückt fühlen. Oder es sind einfach nur die Erinnerungen an eine Begegnung mit dem anderen, die sich mit diesem Gefühl tarnen.

Was es auch ist: Sie allein können herausfinden, warum Sie sich anders fühlen, wenn Sie in der Versenkung an jemanden denken. Und was das Wie Ihrer Empfindungen bedeuten kann. Aber wie auch immer: jetzt nehmen Sie diese Verbindung in die Hand!

Sie schalten um von passivem Empfangen auf Aktivität. Sie spüren den anderen, als wäre er neben Ihnen. Sie nehmen seine mentale „Atmosphäre" auf, als würden Sie sich gerade mit ihm unterhalten. Es ist allein eine Angelegenheit des Gefühls, weniger des Sehens. Natürlich können Sie auch den anderen visualisieren, aber es ist in der Regel weder nötig, noch einfach zu bewerkstelligen.

Jetzt werden Sie aktiv.

Fühlen Sie nicht nur den anderen „neben sich", achten Sie auch auf Ihr eigenes Bewusstsein. *Dehnen Sie Ihr Mentales Feld bewusst aus und „werfen" Sie es über den anderen.* Es ist schwer mit Worten zu beschreiben, aber Sie werden schnell herausfinden, was ich meine. Schließlich sagen Sie nichts, das Ganze ist ein nonverbaler Vorgang. Sie teilen dem anderen, der scheinbar neben Ihnen ist, Ihr Selbstbild mit: wortlos ... als Absicht ... als ein Akt des *Willens*.

Der andere wird es empfangen.

Der Rapport zwischen Ihnen und dem anderen wird sich verändern. Fühlen Sie ruhig schon vorab diese Veränderung, so als wäre sie schon eingetreten! Projizieren Sie nichts in die Zukunft! Denn wenn Sie ein Ziel verwirklichen *wollen*, dann bleibt es ja ein Ziel, dann bleibt es in der Zukunft. „Ich werde..." oder „Es wird..." bleibt ein Werden...

Sie wollen ein neues *Sein*. Eine neue Realität. Eine neue Beziehung – und manchmal genügt schon ein Experiment, es zu erreichen. Meist aber dauert es länger. Aber eins ist sicher: etwas wird sich mit jedem mal zwischen Ihnen ändern...

Fassen wir kurz zusammen:

1. Erfahrungen prägen unser Selbstbild.
2. Unser Selbstbild lenkt unser Leben und unsere Beziehungen zu anderen, weil wir es mit dem Mentalen Feld in den Raum senden.
3. Um das Selbstbild zu ändern, müssen wir gezielt neue Erfahrungen machen – was im Alltag fast unmöglich ist.
4. Unser Gehirn unterscheidet nicht zwischen real erlebten und intensiv fantasierten Erfahrungen: es bildet für beide die gleichen Muster ab.

5. Wir können im Zustand nonverbaler Selbsthypnose durch Visualisierungen in unserem Gehirn Erfahrungsmuster verankern, als hätten wir reale Erfahrungen gemacht.
6. Durch wiederholte selbsthypnotische „Erfahrungen" gleicher Art festigen wir in unserem Unterbewusstsein ein neues Selbstbild, das wir bewusst in den Raum strahlen oder gezielt zu anderen Menschen senden können.

5. Die Tyrannei fremden Bewusstseins ... und wie Sie sich ihr entziehen können

Erkennen Sie die Rolle Ihres Unterbewusstseins

Wir leben im Augenblick. Real ist für uns das, was wir jetzt gerade erleben, erkennen, erfahren. Unsere Aufmerksamkeit belebt die Welt, die Wirklichkeit – und ist gleichzeitig ein Filter dafür.

Warum erzähle ich Ihnen das? Weil wir alle mehr Informationen, mehr Signale und mehr Botschaften aus unserer Umwelt aufnehmen, als wir bewusst erleben.

Haben Sie eben gerade Ihren Atem gespürt?

Sicher nicht, aber Sie haben geatmet, es war Ihnen nur nicht bewusst. Ihre Aufmerksamkeit war anders beschäftigt. Gewaltige Mengen an Informationen erreichen Ihr Gehirn, aber nur ein kleiner Ausschnitt davon dringt ins Bewusstsein. Aufmerksamkeit - der bewusst erlebte Augenblick - ist wie der Strahl einer Taschenlampe, der nur einen kleinen Ausschnitt des gesamten Zimmers ausleuchtet.

Achten Sie auf Ihren Atem: spüren Sie, wie die Luft aus- und einströmt, wie sich die Brust dabei leicht hebt und senkt...

Haben Sie dabei auch die Kleidung auf Ihrer Haut gespürt?

Nein, wieder der Trichtereffekt: erst jetzt, wo Sie darauf achten, fällt sie Ihnen auf. Sie können spüren, wie sie locker und leicht die Haut berührt, oder wie es hier und da ein wenig drückt.

Aber jetzt ist Ihnen garantiert der Lärm um Sie herum entgangen...

So ist das tägliche Spiel unserer Aufmerksamkeit.

Wir erleben nicht die Realität, wir erleben nur einen Ausschnitt davon. Die meisten Nachrichten aus der Umwelt erreichen zwar unser Gehirn, aber nicht das Bewusstsein. Sie bleiben unbewusst, sind „da" für unbewusste Bereiche unseres Selbst, aber sie sind „nicht da" für unser waches Ich.

„Bewusst" und „unbewusst" sind die beiden Seiten derselben Münze!

Vor 200 Jahren wurde das Unterbewusstsein „entdeckt". Seither wissen wir, dass unser Geist geteilt ist: ein kleiner, überschaubarer Bereich des wachen Bewusstseins, und ein gigantischer, nicht mehr auslotbarer Bereich, der sich dem Bewusstsein entzieht.

Wir sind sozusagen *Bewohner zweier Welten*. Aber davon spüren wir im Alltag nicht viel. Wir halten den bewussten Teil unseres Selbst, das lenkende, denkende, steuernde Ich für den wichtigen, den starken, den entscheidenden Teil unseres Selbst. Vom Unbewussten merken wir nichts. Wir ignorieren und vernachlässigen es, als wäre es wegen seiner *Unbewusstheit* auch zugleich unbedeutend oder schwach...

In Wahrheit ist es umgekehrt.

Das Ich weiß nichts vom Selbst, aber das Selbst weiß alles vom Ich. Das unbewusste Selbst ist nur für das Ich unbewusst, nicht für sich selbst. *So können im unbewussten Bereich unseres Geistes wahre Sturmfluten aus Informationen toben, während gleichzeitig im Bewusstsein nur ein kleiner Wind davon weht.*

Aber dieser kleine Wind, dies bisschen Realität ist das, was für uns „wirklich" ist. Weil wir es bewusst erleben. Weil es jetzt die

Aufmerksamkeit ausfüllt, ist es wirklich. Selbst vergangene Erfahrungen werden nur darum wieder lebendig und "wirklich", weil sie beim Erinnern erneut im Brennpunkt der Aufmerksamkeit liegen.

Unterbewusstsein – wie das schon klingt!

So wie unterwertig, nebensächlich. Es kommt uns vor wie ein dunkler Raum, wie eine Art black-box. Trotzdem sind zahllose Informationen, Erinnerungen, Steuerungen für Körpervorgängen und Wahrnehmungen gleichzeitig im Unterbewusstsein "da". Praktisch ist unser ganze Leben im Unterbewusstsein als Erinnerung abgelegt. Aber wir spüren davon nichts.

Aber warum ist das so? Warum erreicht nur ein winziger Ausschnitt davon, was unser Gehirn pausenlos registriert, unser Bewusstsein?

Weil unser Gehirn vor allem eins will: unser Überleben. Und fürs Überleben ist wichtig, möglichst viele Informationen aus der Umwelt zu kriegen, denn jede Information könnte ja Gefahr signalisieren – aber:

Wir würden unweigerlich verrückt werden, wenn wir alle Informationen, die unser Gehirn in einem Augenblick aufnimmt, bewusst erleben müssten!

Also trennt Ihr Gehirn schon recht früh die Spreu vom Weizen, das Wichtige vom weniger wichtigen. Jeder von uns entscheidet natürlich selbst, was für ihn wichtig ist. Jeder hat sein eigenes Filtersystem, das ihn hellhörig macht für alles, was seine Interessen berührt und blind und taub für alles, was weit davon entfernt ist.

"Selektive Wahrnehmung" nennen die Psychologen dieses Filtersystem.

Wenn Sie stolzer Neubesitzer Ihres Traumautos sind und erstmals damit durch die Gegend fahren, sind Sie erstaunt, wie viel Autos der gleichen Marke (und Farbe) Ihnen plötzlich begegnen. Natürlich waren die vorher auch schon da - aber Sie haben sie nicht bemerkt, weil sie jenseits Ihrer Interessenwelt lagen.

Psychologische Filter dieser Art haben wir alle ständig eingeschaltet, wir nennen sie dann "Weltanschauung", "Weltbild", "Interessen", "Vorlieben" und dergleichen mehr.

Dringen unbemerkt Informationen in Ihr Gehirn, die diese Interessenwelt berühren, bringt Ihr Gehirn sie sofort ins Bewusstsein. Es glaubt nämlich, dies sei für Ihr Weiterbestehen wichtig. Von sich aus bringt Ihr Gehirn hauptsächlich aus zwei Gründen Informationen in Ihr Bewusstsein: Wenn Sie Ihre Aufmerksamkeit bewusst und willentlich darauf richten, oder wenn unmittelbare *Gefahr* für Ihre Gesundheit, Ihr Leben oder auch "nur" für Ihr Selbstbild besteht.

Fängt es an zu brennen in Ihrer Wohnung, während Sie fernsehen oder ein Buch lesen, dann können Sie noch so konzentriert dabei sein: unweigerlich werden Sie vom Verbrennungsgeruch gestört. Ihr Gehirn zwingt diese gefährliche Botschaft, dass es brennt, in Ihre Aufmerksamkeit.

Klar - das Unterbewusstsein erscheint uns immer wie der große Unbekannte, der immer dann herhalten muss, wenn andere Erklärungen fehlen. Aber diesen Eindruck erzeugt das kleine Wachbewusstsein, weil es nicht die geringste Ahnung hat von dem Potential des unbewussten Bereichs des Geistes.

Dabei ist das Unterbewusstsein ständig wach, ganz im Gegensatz zum Wachbewusstsein, das sich ausschaltet, wenn wir schlafen. Wir verlieren zwar das Bewusstsein, weil es mit Nichts, mit Leere ausgefüllt ist, aber wir verlieren nicht unser Selbst, nicht unseren Geist! Schließlich wissen wir sofort nach dem Aufwachen dass wir die Alten geblieben sind, auch nach einer langen bewusstlosen Nacht.

Informationen, die direkt in Ihr "Unterbewusstsein" gelangt sind, können Sie trotzdem beeinflussen!

Das ist das Gefährliche.
Das ist auch das, was uns in Gegenwart anderer ständig droht. Wenn Sie sich mit Ihren Kollegen unterhalten und er gerade von seinem Urlaub erzählt, dann ist Ihr Bewusstsein voll mit diesen Erzählungen beschäftigt. Ganz anders aber Ihr Unterbewusstsein: Es reagiert auch auf Resonanzen von anderen, die sich bilden, während sich die Mentalen Raumfelder durchdringen.

Und Ihr Gehirn reagiert. Vielleicht haben Sie zunächst nur *ein Gefühl*, Sie spüren etwas. Ihr Unterbewusstsein behält oftmals die meisten Informationen für sich, aber sobald etwas Ihre Interessenwelt streift oder wenn es eine Gefahr für Sie werden könnte, schaltet Ihr Gehirn diese Botschaften durch in Ihr Bewusstsein: und plötzlich *wissen* Sie intuitiv, was tatsächlich von Ihrem Kollegen "rüber gekommen" ist, was er wirklich meint, denkt, fühlt und will - und das kann mitunter ganz etwas anderes sein, als er Ihnen mit seinen Worten verkaufen wollte!

Sie fühlen es ... weil Ihr Verstand keinen direkten Zutritt in die black-box Ihres Unterbewusstseins hat. Sie können diese Schichten Ihres Geistes nicht mit Ihrem Verstand ausloten oder durchleuchten. Ihr Bewusstsein hat dort keinen Zutritt, auch nicht Ihr Denken.

Kein Wunder, dass wir gewöhnlich nicht einmal ahnen, welche mächtige Schaltzentrale für unsere Handlungen, Entscheidungen, Urteile oder Ansichten hier verborgen liegt.

Erinnern Sie sich an Ihren letzten gemütlichen Abend mit Freunden oder Bekannten?

Sie plauderten, waren lustig, machten Scherze und unterhielten sich auch ernsthaft miteinander. Sie hatten Vertrauen zueinander,

Verständnis und Wohlwollen - all das sind Merkmale für eine enge emotionale Verbindung, durch die sich Mentale Raum-Felder austauschen.

Aber nicht jeder Austausch von Gedanken und Gefühlen ist erwünscht...

Unterbrechen Sie einen unerwünschten Rapport

Rapport – was ist das?

Eine Mutter hat ihr Baby neben sich liegen und schläft tief. Sie hört nichts vom Straßenlärm, nichts vom lauten Nachbarn, nicht einmal das Klingeln an der Wohnungstür. Nichts kann sie wecken, alle Verbindungen zur Umwelt sind wie abgeschnitten - nur eine Verbindung ist da: zu Ihrem Baby. Sobald es einen Muckser von sich gibt, ist sie wach.

Diese Verbindung zwischen Menschen nennt man ‚Rapport'.

Rapport ist vorhanden, sobald wir uns mit anderen verständigen. Ohne Rapport gäbe es keine Verständigung. Nur wenn der andere Ihre Worte versteht, kommt es zur Verständigung. Redet jemand in fremder Sprache, bleibt uns seine Botschaft verborgen. Sie ‚fließt' nicht aus seinem Geist in unseren.

Rapport ist vielfältig möglich. Er kann stark und tief sein, wenn wir verliebt sind, oder nur schwach, wenn uns ein Fremder auf der Straße anspricht oder wenn sich ein nüchterner Mathematiker mit einem emotionalen Künstler unterhält. Er kann natürlich entstehen, wie in der Mutter-Kind-Beziehung. Es kann eine Verbindung zum Verstand eines anderen sein, oder zu seinen Gefühlen, seinen Überzeugungen oder auch zu seinem Unterbewusstsein.

Alle Versuche, andere Menschen zu überzeugen, zu beeinflussen oder zu ändern werden scheitern, wenn wir keinen Rapport zu ihnen haben!

Aber ein Rapport kann auch da sein, ohne dass unser Verstand davon etwas weiß.

Der Hypnotiseur zum Beispiel schafft einen Rapport allein zum Unterbewusstsein seines Mediums. Er spricht nicht zu dessen Intellekt. Erreicht der Hypnotiseur das Unterbewusstsein des Mediums nicht, kann keine Hypnose entstehen: der Verstand des Mediums würde jede Suggestion analysieren und dadurch unwirksam machen.

Rapport kann auch zwischen Mentalen Raum-Feldern entstehen, wenn Menschen Gemeinsamkeiten haben.

Niemand ist wirklich isoliert.

Jedes Gehirn kann seine Inhalte irgendwo im Raum lokalisieren, und so schwingt unser Denken und Fühlen ständig mit gleichartigen Gefühlen anderer mit. So ist nun mal das Spiel der Resonanzen. Wir alle sind ständig miteinander in Kontakt. Wir empfangen pausenlos Botschaften anderer, die sich in unserem dreidimensionalen Mentalen Feld fest hängen und dann – vielleicht viel später erst, vielleicht auch nie - in unser Bewusstsein dringen.

Als *eigene* Gedanken und Gefühle...

So bestärken wir uns ungewollt in schlechtem Verhalten, wenn wir immer wieder aneinander denken und dabei das falsche Verhalten des anderen im Bewusstsein halten! Und wir verstärken auch ungewollt gerade das in anderen, worüber wir uns immer wieder Sorgen machen!

Die Gesetze der Natur sind unerbittlich: wir tauschen unser Bewusstsein aus, ob uns das nun bewusst ist, oder nicht. Und wir stoßen nach den Regeln der Resonanz immer die Zustände in anderen an, die wir selbst haben ... seien sie nun positiv und erbauend ... oder negativ, sorgenvoll, bedrückend...

Wir übertragen ganz ungewollt - aber gesetzmäßig - unsere Sorgen, die Bilder des Schlechten, die Gefühle der Angst, des Missfallens, die Einzelheiten des Unerwünschten auf jene, die wir eigentlich ändern wollen!

Manchmal steigert sich ein Rapport derart, dass einer der Partner sich innerlich mehr oder weniger aufgibt, sich am anderen

„verliert". Dann wandelt sich eine Liebe in Hörigkeit, in der es nur noch Gewinner und Verlierer gibt. Oder ein Hypnotisierter wird immer abhängiger von den „starken" Einflüsterungen seines Therapeuten, die er als Stärke fühlt und der er sich mehr und mehr hingibt.

Weil er telepathisch ist: unsichtbar, lautlos, oft unbemerkt. Es ist - kurz gesagt - die Verbindung zwischen den Gedanken und Gefühlen eines Menschen zum Unterbewusstsein eines anderen. Die Verbindung der mentalen Felder, der Einklang mentaler Felder – und dadurch gewinnt auch ein „fremdes" Feld einen gewissen Einfluss auf das andere Gehirn.

Bestimmen Sie selbst Ihren Rapport ... bevor andere es für Sie tun!

Wir baden in einem Meer aus Mentalen Feldern, mit denen wir durch Resonanz kommunizieren. Das Ergebnis dieser Kommunikation sind Bilder, Gedanken oder Gefühle, die wir selbst denken und die wir in unserer eigenen Brust fühlen - und die doch durch ein fremdes Bewusstsein ausgelöst wurden.

Seien wir also auf der Hut: mentales Fluidum kann absorbiert werden!

Sind Sie unter Menschen, bewegen Sie sich durch deren Gedankenwelt. Dann dringen fremde missgünstige, zynische, hasserfüllte, neidische oder unfreie Gefühlsschwärme in Ihr Feld ein ... vernebeln es, schwächen Ihre Schöpferkraft für positive eigene Gedanken und Gefühle.

Passiv gestimmt, saugen Sie gleich einem Schwamm fremde Energien auf ... verleiben sich fremde Ideen, Gefühle, Gedanken ein - und merken es nicht einmal...!

Gefühlselemente und Geistesströmungen können giftig sein ... viel gefährlicher, als chemische Gifte. Denn sie bleiben subtil ...

üben heimlich, unerkannt ihren Einfluss aus. Sie nisten sich verstohlen in unserem Mentalen Feld ein und entfalten sich zu zerstörerischen, negativen, zersetzenden Gedanken.

Sind Sie längere Zeit in falscher Gesellschaft, merken Sie deren Einfluss nicht sofort. Erst nach und nach spüren Sie, dass Sie sich selbst gewandelt haben ... dass Sie der Umgebung gleicher geworden sind ... dass Sie die gleichen Worte daher plappern, die Sie früher verabscheut haben. Sie lachen über die gleichen dummen Witze, die Sie früher kalt ließen ... und Sie dreschen die gleichen nichts sagenden, hohlen Phrasen, wie alle anderen auch.

Je mehr Menschen um Sie herum ihre Energien verstreuen, desto mehr unerwünschte fremde Impulse stürmen auf Sie ein. Sie unterlaufen heimlich, unmerklich, Schritt für Schritt Ihre Festung aus positiven Gefühlen ... und plötzlich geben Sie nach. Das Unglaubliche dabei: Sie tun es, ohne zu Murren!

All das geschieht täglich, bei unzähligen Menschen. Niemand ist davon ausgenommen. Wir alle nehmen vom Wesen anderer auf, sobald sie in unserer Nähe sind. Dann durchtränken wir uns mit den fremden Energien, die wiederum die Gefühle und Impulse in uns aktivieren, die mit der fremden Person korrespondieren.

Resonanz der Gefühle setzt ein ... und plötzlich stellen wir fest, dass sich unsere Überzeugungen gedreht haben ... dass unser Mut verflogen ist, unsere Stärke abgeflaut ist ... ganz plötzlich oder nach und nach - irgendwann erkennen wir nur erstaunt das Ergebnis...

Vorsicht besonders in Stunden der Müdigkeit!

Dann bricht jeder Gedankenschmutz, jede Niedertracht, jeder Mist leicht in Ihr empfangsbereites Inneres. Irgend etwas Gleiches oder Ähnliches wie die Ausstrahlung des anderen tragen wir bestimmt in uns ... und werden so ganz ungewollt seine Botschaften annehmen. Ideen, Gefühle und Gedanken tauchen auf, die wir für unsere eigenen halten - aber sie sind in Wahrheit durch den anderen hervor gerufen ... wenn auch ungewollt.

Jeden Augenblick kann es sein, dass Sie sich entscheiden müssen: Selbstaufgabe oder Selbstbehauptung. Denn fremde Ausstrahlungen stecken an ... und oft genug gleichen wir uns an. Unmerklich kann der Starke zum Schwächling werden ... der Tugendhafte zum Zügellosen ... der Gute zum Fiesling. Einflüsterungen wollen sich unser bemächtigen ... zunächst unbemerkt. Unserem Bewusstsein sind sie zunächst zu fremd, um sofort angenommen zu werden ... und so sammeln sie sich erst einmal im Unbewussten.

Klingt zu dramatisch? Übertrieben?

Denken Sie an den Anfang des Buches, in dem Ihnen klar wurde, *dass Ihr Geist mühelos den Raum mit sich selbst ausfüllen kann.* Das ist Realität – sonst würden Sie nicht einmal dies Buch vor sich erkennen können. Warum jetzt diese Tatsachen wieder in Frage stellen?

Uns allen geht es so, dass wir „im Raum sind" – nicht nur körperlich, sondern auch als Bewusstseinseinheiten. Wir sind im Raum mitsamt unseren Absichten, Gedanken, Gefühlen, Stimmungen, Trieben und Fantasien. All das ist real im Raum und steckt sich gegenseitig an. Gleiches ruft dann Gleiches hervor. Und irgendwann erscheinen uns unsere früheren positiven Überzeugungen albern ... unmöglich ... als barer Unsinn.

Das Werk der unmerklichen Angleichung ist vollbracht, die Nivellierung vollendet.

Man plappert mit der blökenden Herde ... stößt ins Horn der Allgemeinplatzphrasen ... sabbelt den gleichen geistig tief liegenden Müll des Mobs. Missgunst, Neid, Übelwollen anderer greift die eigene Seele an, sobald wir in Rapport mit dem Fremden stehen. Unser Inneres wird entstellt, verformt ... wund am Feuer eigentlich fremder Gedanken und Gefühle.

Der Glaube, immer für sich allein zu sein, ist eine Täuschung. Niemand ist völlig isoliert von anderen. Wir sind alle miteinander in Kontakt - und je besser wir uns kennen, desto inniger ist dieser Kontakt.

Jedes Gehirn sendet ständig Botschaften aus. Jeder strahlt sein Bewusstseinsfeld aus und findet immer irgendwo Anknüpfungspunkte an andere Felder. Räumliche Entfernung spielt viel weniger eine Rolle, als die meisten von uns glauben.

Energien tauschen sich aus, finden sich selbst in fremden Menschen wieder und spiegeln sich sozusagen in anderen Gehirnen. Gleiche Gedanken können von vielen Menschen zugleich gedacht werden, weil jedes Gehirn etwas von außen reproduziert und als sein eigenes Erzeugnis darstellt.

Das Gefährliche daran: Fast nie merken wir diesen Vorgang bewusst. Ist ein fremder Gedanke in uns groß geworden, *wird er uns als eigene Idee bewusst* ... wir können nicht mehr nachvollziehen, wer der wahre Urheber unserer Gedanken war: wir selbst oder ein anderes Gehirn ... eine anderes Mentales Feld...

Darum: Bleiben Sie selbstbewusst!

Entscheiden Sie sich bewusst, nur aufbauende, fördernde, positive Einflüsterungen zu akzeptieren. Erspüren Sie, wenn von anderen üble Gedanken und negative Gefühle verbreitet werden: klinken Sie sich mental aus. Unterbrechen Sie den Rapport. Sagen Sie innerlich zu sich: *das trifft mich nicht, das will ich nicht haben, das lehne ich ab.*

Und dann tun Sie das einzig Richtige: verlassen Sie den Ort, an dem sich solche Gedankenfelder tummeln. Denn auf Dauer können Sie sich kaum verteidigen...

Wessen Gedanken denken Sie...?

Beobachten Sie einmal Ihr Gedankenleben: wie aus dem Nichts tauchen Gedanken auf ... leuchten kurz im Bewusstsein ... und verschwinden wieder. Und schon kommt der nächste, und dann wieder ein anderer - ein endloses Spiel des Geistes.

Sie sind der Denker – aber lenken Sie auch das Spiel? Hatten Sie die Gedanken bestellt, die Ihnen durch den Kopf gingen? Können Sie sagen, welcher Gedanke Ihnen in einer Minute kommen wird?

Probieren Sie's aus: Versuchen Sie mal, Ihren Gedankenfluss anzuhalten, an „Nichts" zu denken. Oder einen bestimmten Gedanken festzuhalten, ihn zu hindern, gleich wieder zu verschwinden. Strengen Sie sich an ... ist es gelungen?

Vielleicht ein paar Sekunden. Aber es ist enorm anstrengend, Gedanken länger als ein paar Sekunden anzuhalten und sie zu isolieren. Selbst das einfache Beobachten von Gedanken ist schwerer, als wir denken. Leicht wird das Bewusstsein mit dem Gedankenfluss fortgeschwemmt, und plötzlich haben Sie vergessen, dass Sie Ihr Gedankenleben beobachten wollten.

Im Stillen drängt sich da die Frage auf: Wer ist eigentlich der Boss im eigenen Bewusstsein? Beherrschen wir unser Gedankenleben, oder beherrschen die Gedanken uns?

Klar, bei jedem Gedanken haben wir das Gefühl: es sind meine Gedanken ... ich erlebe sie gerade, nicht mein Nachbar. Was uns durch den Kopf geht, ist so intim, so persönlich für uns, dass wir fest überzeugt sind, es sind unsere ureigenen Gedanken und Gefühle. Sie stammen alle aus uns selbst ... sind unser persönliches Eigentum. Wir haben sie erzeugt, wir haben sozusagen das „Urheberrecht".

Ist das wirklich so, oder täuschen wir uns vielleicht?

Sicher: wir sind die Denker - aber „Ich denke..." heißt zunächst nicht mehr, als dass die Gedanken in unserem Bewusstsein auftauchen, weil unser Gehirn etwas mit diesen geistigen Schöpfungen zu tun hat.

Aber warum aber liefert unser Gehirn gerade diese Gedanken? Wir haben doch nicht zu uns selbst gesagt: „Ich will jetzt Gedanken über meinen Nachbarn haben...". Wir wollten doch gar nicht die Gedanken denken, die uns gerade durch den Kopf gingen.

Mit anderen Worten: wir denken zwar selbst, aber wir haben nicht ausgesucht, was wir gerade denken...!

Sicher: Die meisten unserer Gedanken und Gefühle sind eine Art Kettengedanke. Ein Gedanke entsteht – warum auch immer – und wird durch einen ähnlichen abgelöst in „freier Assoziation": Gleiches wird auch dabei durch Gleiches angeregt. Die Richtung der Gedanken wird dabei durch die Situation, die Worte anderer, unsere momentanen Absichten und Ziele vorgegeben.

Aber das ist wieder nur die halbe Wahrheit.

In der anderen Hälfte sind wir Opfer fremder Einflüsse. Denn wer unter Menschen ist, wird von ihnen beeinflusst. Ob er will oder nicht. Mentale Raum-Felder vermischen sich, verbinden sich wie mit unsichtbaren Fäden und tauschen Informationen aus, die als Resonanzen ihresgleichen in anderen Gehirnen anregen.

Weil nichts Artfremdes unser Bewusstsein in Resonanz bringen kann, halten wir auch die induzierten Gedanken anderer für unsere eigenen.

Sie erscheinen uns genauso vertraut und gewohnt, wie die eigenen.

Auch Gefühle können anstecken, wie ein Schnupfen

„Ärger liegt in der Luft...!" sagen wir so daher – aber den wenigsten ist klar, dass dies buchstäblich so ist: die Schwingungen von Ärger, Angst oder Trauer füllen den Raum aus. Gefühle verstecken sich in den Mentalen Feldern jener, die ärgerlich, ängstlich oder traurig sind. Genau wie die Schwingungen von Zuversicht, Freude oder Begeisterung.

Gefühle suchen – wie die Gedanken - ihresgleichen in anderen Mentalen Feldern. Sie wollen sich selber im Bewusstsein anderer multiplizieren – und wenn sie ihresgleichen finden, dann haben

Resonanzen leichtes Spiel. Dann können Gefühle anstecken wie eine Infektionskrankheit.

Wir werden leichter von Gefühlen, als von Gedanken „angesteckt". Gefühle sind beständiger, nicht so wechselhaft wie Gedanken. Sie sind auch unkomplizierter: es gibt längst nicht so viele verschiedene Gefühle, wie Gedanken.

Prüfen Sie sich selbst: Werden Sie leicht von heftigen Emotionen anderer angesteckt? Lassen Sie sich leicht mitreißen von emotionaler Atmosphäre, von gefühlsstarken oder marktschreierischen Reden? Bringen aufgebrachte Menschen Sie schnell aus Ihrer vermeintlichen Ruhe? Stecken wütende „Gesprächspartner" Sie an mit ihrer Übellaunigkeit, so dass Sie selbst auch wütend reagieren?

Die Palette solcher Ansteckungen ist reichhaltig.

Überall begegnen wir Einflüssen, die nicht nur durch Worte wirken, sondern auch durch Resonanz Mentaler Felder. Da reißt der Starke den Schwachen mit, beruhigt der Ruhige nach und nach den Aufgeregten, gibt der Sichere dem Unsicheren Halt - oder macht der Wütende den anderen auch wütend.

Wenn Sie sich nicht selbst beherrschen, werden es andere für Sie tun!

Es gibt gegen unerwünschten Einfluss einen einfachen Schutz: Bewusstheit.

Beobachten Sie das eigene Sein, die eigenen inneren Zustände – und kultivieren Sie sie. Isolieren Sie sich bewusst von den Gefühlswallungen, die von anderen herüber schwappen. Widerstehen Sie schon den ersten Impulsen einer Ansteckung. Halten Sie Ihre Emotionen unter Kontrolle – aber nicht gewaltsam, wenn sie schon stark geworden sind. Schon im Moment, wenn sie entstehen.

Aber bitte: niemals Gefühle unterdrücken! Wenn Sie Gefühle in sich spüren, die „man" nicht zeigen kann, dann lösen Sie deren Spannung in den vier Wänden. Toben Sie sich aus, schreien Sie, wenn es erleichtert. Gefühle zu unterdrücken ist gefährlich. Und sinnlos: sie suchen sich dann einen anderen Weg ins Freie.

Bedenken Sie: Gefühle sind nichts Abartiges. Auch nichts Minderwertiges oder Lästiges. Sie gehören nun mal zu unserem Dasein. Sie sind nicht schlechter, minderwertiger oder unwichtiger, als alles andere auch. Und auch wenn viele den Intellekt für wertvoller halten, sind Gefühle keineswegs zweitrangig.

Aber es sollten *unsere* Gefühle sein, die wir haben!

Wenn Sie sich von anderen Gefühlen anstecken lassen, sind Sie entmündigt. Dann haben Sie das Steuer Ihres Lebens in fremde Hände gelegt. Dann sagen andere Ihnen, was Sie fühlen und denken sollen.

Beobachten Sie mal Ihr Umfeld. Sie werden erschrecken über die Anzahl Menschen, die wie ferngesteuert durch ihr Leben taumeln. Jeden Trend machen sie mit, immer sind sie „in", wissen genau, was gerade Mode ist und harren ständig darauf, gesagt zu bekommen, was „man" tut und was „man" lässt.

Ihr Selbstwertgefühl? Schwach – es sei denn, andere sagen Ihnen, wie toll sie sind. Aber kaum jemand tut das! Also messen sie ihren Wert daran, wie gleich sie den anderen sind. Ja nicht abweichen, nicht selbst bestimmt sein, nicht den eigenen Wünschen folgen. Was sollen denn „die anderen" denken?

Selbstbewusstsein? Wird von anderen festgelegt: wenn sie sich so verhalten, wie es gerade alle tun, können sie sich sicher fühlen. Dann sind sie wenigstens nicht weniger, als die große Masse. Dann werden sie anerkannt – wenigstens dafür, dass sie nicht anders sind, als alle.

Ein wenig sind wir alle so. Aber horchen Sie in sich hinein:

Welche Bedürfnisse haben Sie wirklich? Ist das, was alle tun auch das, was Sie tun wollen?

Viele haben sich so daran gewöhnt, aus zweiter Hand zu leben, dass sie gar nicht wissen, was sie selbst eigentlich möchten.
Warum sind Sie auf der Welt?
Um als Hampelmann für Marketingstrategen durch die Zeit zu tingeln - immer darauf bedacht, die Wünsche und Erwartungen anderer zu erfüllen?
Um sich täglich selbst zu vergewaltigen, damit Sie etwas erreichen, von denen *andere* Ihnen gesagt haben, es sei erstrebenswert?
Horchen Sie in sich hinein. Versuchen Sie, sich selbst so nah wie möglich zu kommen. Das mag lächerlich einfach klingen, ist es aber durchaus nicht. Versuchen Sie es:

Setzen Sie sich entspannt hin, lassen Sie alles los, sagen Sie sich: Ich will jetzt nichts ... ich muss jetzt nichts ... ich brauch jetzt nichts – ich bin einfach nur ... ich will einfach nur bewusst sein ... bewusst leben...

Beobachten Sie dabei Ihre Gedanken, aber folgen Sie ihnen nicht. Lassen Sie sie vorbei wandern. Nur beobachten, nichts tun. Spüren Sie Gefühle? Was kommt hoch in Ihnen?

Beachten Sie sie, aber halten Sie sie nicht fest. Lassen Sie sie wieder los – und sie werden sich entfernen. Bleiben Sie ruhig und in sich gekehrt ... ganz bei sich ... ein Zentrum der Ruhe und Gelöstheit...

Versuchen Sie solche Meditationen täglich.
Vielleicht haben Sie anfangs das Gefühl, es „tut" sich nicht viel. Das ist so in Ordnung, denn darum geht es auch nicht. Es

geht um *Sein*, nicht um Tun! Das Sein ist näher am eigenen Selbst, als das tun. Bevor Sie etwas tun, müssen Sie erst sein – und wenn es sich vielleicht philosophisch anhört, ist es alles andere als das. Denn wir sind wieder bei der Grundlage unseres Lebens: dem „Ich bin...".

Wann sind Sie wirklich bei sich selbst?

Wir alle werden ständig aus unserer Mitte gerissen durch Wahrnehmungen, die uns faszinieren, durch Gedanken, denen wir nachhängen, durch Gefühle, die wir nicht beherrschen. Das nennen wir „Leben" – obwohl wir eher wie Zuschauer eines Films sind, der so vom Geschehen auf der Leinwand gefesselt ist, dass er völlig vergessen hat, wer er selbst ist.

Ein wenig Selbstbesinnung täglich befreit von solchen Faszinationen. *Und damit befreien wir uns auch immer mehr von den unbemerkten Einflüssen, die unser eigentliches Wesen verdrängen.* Sicher, im Alltag sind wir selten wirklich bei uns selbst. Da müssen wir uns einfügen, müssen unsere Wünsche zurückstellen, uns anderen beugen, die Anweisungen des Chefs ausführen. Nur manchmal, in den wenigen Momenten der Besinnung, dämmert uns, dass wir wie Marionetten sind, die an Fäden hängen, die von anderen gezogen werden.

Deshalb sind solche einfachen Übungen wichtig.

Sie führen uns wieder zurück zu unsere ureigenen Bedürfnisse, die wir vergessen haben, die verschüttet wurden im Bombardement aus Anforderungen, die uns von außen dirigieren.

Nehmen Sie die Verantwortung für Ihre eigenen inneren Zustände in die Hand.

Werden Sie selbstbestimmter.
Jeden Tag ein wenig mehr.

Entscheiden Sie selbst, was für Sie wichtig ist. Oder bedeutend. Entscheiden Sie auch, ob Sie sich Massengefühlen anschließen wollen. Oder Massendenkweisen, irgendwelchen Ideologien, die von anderen erfunden wurden, um Menschen in vorgeschriebene Denkwelten einzukerkern.

Seien Sie zu stolz, sich von jedem Deppen Ihre Gedanken und Gefühle aufdrängen zu lassen – auch die, die Ihnen telepathisch gesandt wurden.

Haben Sie Mut zur Eigenständigkeit. Hinterfragen Sie, ob die Ziele von Millionen auch automatisch Ihre Ziele sind. Masse ist nicht automatisch auch Klasse. Denken Sie daran: Niemand ist restlos gegen Ansteckung von Gefühlen gefeit. Und wenn wir nicht acht geben, können uns fremde Energien regelrecht überrennen. Und wenn Sie nicht Ihre eigenen Ideen und Ziele verfolgen, dann ist Ihr Inneres frei, von Ideen und Impulsen anderer aufgefüllt zu werden. Bis Sie schließlich glauben, es seien Ihre Ambitionen, denen Sie Ihre kostbare Lebenszeit widmen.

Grundsätzlich gilt: *Was nicht in Ihnen ist, kann auch nicht von anderen geweckt werden – egal, ob fremde Einflüsse sanft und einschmeichelnd oder heftig und aufdringlich daher kommen.*

Leben wir nicht selbstbestimmt, werden wir nach und nach unserer Umgebung immer gleicher, weil wir immer etwas vom Wesen anderer aufnehmen, und bald sind wir nicht mehr hundertprozentig wir selbst. Dann leben wir eingeschränkt, weil wir – zumindest teilweise – die Gedanken- und Gefühlswelt anderer austragen.

Auch Wohlwollen oder Sympathie kann zur Gefahr werden. Denn Menschen, die sich mögen, beeinflussen sich besonders sanft, also unmerklich - und fast immer ohne Widerstand! Ihr Bewusstsein ist geöffnet für die Energien des anderen, und ungehindert toben sich Resonanzen aus. Die Energien gleichen sich an, und Stück für Stück verwischen sogar charakterliche Unterschiede zwischen Menschen.

Wenn Ihr Gefühlsleben nicht sehr stabil ist, werden fremde Resonanzen Ihr Innenleben verändern.

Daran ist nicht zu zweifeln. Das geschieht nicht dramatisch, nicht explosiv – es geschieht in kleinen Häppchen, sozusagen unmerklich. Aber irgendwann haben andere Sie angesteckt.

Hören Sie auf, der Mülleimer für fremde negative Gedanken und Gefühle zu sein

Tauchen bestimmte Bilder leicht in Ihrer Fantasie auf?

Kommen manche miesen oder schrecklichen Gedanken besonders schnell in Ihr Bewusstsein?

Werden Sie schnell ärgerlich, wütend oder traurig, schneller jedenfalls als froh, heiter und zufrieden?

Vielleicht ist die Entstehung gewisser Gefühle längst zu Reflexen erstarrt. Vielleicht brauchen Sie den Ärger, um sich lebendig zu fühlen, oder Sie neigen zum Pessimismus, weil die „Welt nun mal so schlecht ist"? Dann sind die Pfade solcher negativen Bewusstseinsinhalte ausgetrampelt durch zahllose Wiederholungen. Dann haben Sie schon mentale Schmarotzer in sich genährt, die Sie nun wieder aushungern müssen. Denn all diese Gedanken und Gefühle hätten Sie nie ausgefüllt, wenn Sie es nicht zugelassen hätten.

Leicht gesagt – ich weiß. Aber machen Sie sich immer wieder klar: den ganzen Tag werden Sie von fremden Mentalen Feldern umschmeichelt. Fremde Gedanken und Gefühle versuchen, sich in Ihnen einzunisten, *um sich durch Ihr Bewusstsein selbst zu verstärken.*

Und was Sie da alles absorbieren: miese Gedanken, neidvolle, hässliche Gefühle, Verwünschungen gegen Ihren Erfolg, die falschen Vorstellungen der anderen von Ihnen, die sie auf Sie über Sie, die nichts mit Ihrer Realität zu tun haben, aber viel mit der

Überzeugung der anderen. Die „sehen" Sie so ... und diese Bilder, wie die Sie sehen, bombardieren Ihr Bewusstsein.

Prüfen Sie:
Welcher Einfluss geht von anderen aus?

Das ist nicht mehr schwer, wenn Sie gelernt haben, auf sich selbst zu achten. Machen Sie mehrmals am Tag eine einfache Selbstinspektion:

Wie ist Ihr augenblickliche Zustand? Was fühlen Sie gerade? Welche Gedanken und Bilder gehen Ihnen durch den Kopf?

Wie ist Ihr Körper: locker? Entspannt? Oder verkrampft, nervös und unruhig? Atmen Sie ruhig und gleichmäßig, oder mehr gepresst, stoßweise?

Was wichtig dabei ist: Horchen Sie vermehrt in sich hinein, wenn Sie allein sind. Am Besten schon längere Zeit. Beobachten Sie Ihre Gedanken und Gefühle ohne Absicht, ohne etwas erreichen zu wollen. Beobachten Sie, versuchen Sie nicht, sich zu verändern oder zu beeinflussen. Achten Sie einfach auf die Bilder, die Ihnen durch den Kopf gehen, auf die Ideen, die Ihnen kommen. Erkennen Sie: so bin ich jetzt – das bin ich...

Kommen Sie dann in die Gesellschaft anderer, *wird sich ziemlich sicher etwas in Ihnen verändern*. Manchmal nur minimal, oder es dauert länger – aber irgendwann ändern sich die Bilder, die Ihnen durch den Kopf gehen. Ihre Gedanken werden andere, als die, mit denen Sie allein waren. Andere Gefühle füllen Sie aus, und wenn Sie Ihren Zustand vorher nicht beachtet hätten, wüssten Sie gar nicht, warum Sie jetzt anders denken und fühlen...

Natürlich hängt das auch mit den Gesprächsthemen zusammen, die Sie führen. Wird über den miesen Chef gesprochen, werden Sie Mühe haben, inneren Frieden zu bewahren. Dann werden Ärger und Missmut sich in Ihnen breit machen – aber diese Gefühle werden durch ähnliche Gefühle der anderen noch weiter verstärkt.

Aber auch ohne Worte wirken fremde Mentalfelder auf Sie ein. Resonanzen tun ständig ihr Werk getan. Fremde Bewusstseinsinhalte attackieren Sie und bemächtigen sich Ihrer. Sie merken es nicht so leicht, weil Änderungen Ihrer Gedankenwelt nicht dramatisch erscheinen. Sie denken, es ist Ihre eigene Gedankenwelt, die Ihnen durch den Kopf geht.

Angenommen, Sie betreten ein Restaurant oder eine Kneipe. Zahlreiche Mentale Felder umspielen Ihr Gehirn, versuchen sich in Ihrem Bewusstsein zu multiplizieren. Fühlen Sie sich nach einer Stunde anders? Haben Sie bevorzugt bestimmte Gedanken?

Dann kann es sein, dass es nicht Ihre sind. Je mehr sich nach ein paar Stunden Ihr Zustand von dem unterscheidet, wie er war, als Sie mit sich allein waren, desto stärker ist er durch fremden Einfluss entstanden.

Prüfen Sie sich. Achten Sie auf Veränderungen. Horchen Sie in sich hinein. Nur so werden Sie frei und unabhängig von der Denkwelt anderer!

Vorsicht, wenn Sie sich in Gegenwart anderer unbehaglich fühlen

Dann kann es sein, dass deren Einfluss unerwünscht stark ist. Und dass er gegen Ihre eigene Persönlichkeit wirkt, dass es unerwünscht ist, was auf Sie einwirkt. Sie fühlen sich unwohl, weil Sie zwar spüren, dass etwas auf Sie einwirkt, aber Sie wissen nicht klar, was es ist. Ihr Verstand sagt: „Ich merke nichts, du spinnst! Reiß dich zusammen..."

Oft können Sie an der Art Ihrer Veränderungen erkennen, welcher Einfluss Sie da übermannen will: Welche Gedanken kommen Ihnen plötzlich in den Sinn, während so ein Unsympath mit Ihnen kommuniziert? Welche Gefühle wollen sich da durchsetzen? Gegen welche Impulse oder inneren Bilder kämpfen Sie innerlich an?

Auch Ihr Körper kann eine klare Sprache sprechen. Treffen wohlwollende Gedanken auf Sie, wird Ihr Körper entspannt und gelöst bleiben. Er wird sich dem fremden Einfluss eher öffnen, als verschließen. Ganz anders bei negativen Kräften gegen Sie: der Körper wird rebellieren, sich verkrampfen, angespannt sein, auf der Hut – bereit zur Flucht.

Menschen, die Ihnen nahe stehen, wirken leichter und unbemerkter auf Sie ein. Deren Feld-Muster sind Ihnen sozusagen vertraut. Bei anderen können Sie dennoch leicht herausfinden, welcher Art Ihre Gedanken und Gefühle sind: hören Sie auf ihre Überzeugungen, ihre Ansichten, auf das, was sie mitteilen wollen.

Ist es positiv, optimistisch? Sind sie meist gutgelaunt? Oder sehen sie alles schwarz, halten sie die Welt für dreckig, verkommen, mies und ungerecht?

All das senden diese Menschen in ihr Umfeld – mit ihrem Bewusstsein, das sich im Raum ausbreitet. Und all die negativen Gedankenmuster suchen in Ihrem Geist Anknüpfungspunkte. All der Dreck negativer Gesinnung, all das Schlechte, das deren Gefühls- und Denkwelt beherrscht, will sich in Ihnen ansammeln und von Ihnen genährt werden.

Machen Sie sich nicht zum Sammelbecken für den Gedankenschrott anderer!

Opfer oder Täter?

Diese Frage stellt sich uns nicht oft im Leben, aber die meisten Menschen wären erstaunt, wenn Sie erkennen könnten, wie oft sie schon Opfer fremder Geisteswelten gewesen sind.

Kein Wunder: der Gegner ist höllisch gefährlich. Er ist unsichtbar. Unhörbar. Er schleicht sich unbemerkt an und nistet sich wie ein Schmarotzer in uns ein – und wir merken es nicht, weil wir ihn unbewusst vielleicht sogar willkommen heißen!

Denn noch mal: nichts auf der Welt kann auf uns einwirken, von dem wir nicht eine Entsprechung in uns haben!

Das ist ehernes Gesetz, und davon gibt es keine Ausnahme!

Aber haben Sie den wilden Tiger in sich wirklich überwunden, oder nur versteckt?

Lehnen Sie das, wogegen Sie wettern, was Ihnen zuwider ist, wirklich ab – oder sind Sie nur neidisch auf die, die das tun, was Sie ablehnen?

Der Spießer lebt das Leben nach Vorschrift. Das „richtige" und ordentliche Leben. Aber tief im Innern mancher Moralisten ist eine heimliche Sehnsucht vergraben nach genau dem lüsternen Lebensstil, der abgelehnt wird. Man traut sich selber nicht, seinen Trieben zu frönen – also darf es auch kein anderer. Und so lässt es sich trefflich wettern gegen die Unmoral, gegen das Böse und das Verkommene, das angeblich unsere Welt überschwemmt...

Was wir nicht in uns tragen, das erkennen wir auch nirgendwo anders. Das würde uns auch nicht berühren, nicht treffen, und schon gar nicht innerlich „anstecken".

Seien Sie ehrlich zu sich selber. Sie können vielleicht anderen etwas vormachen, jedenfalls zeitweise, aber Sie sollten sich niemals selber belügen. Wenn Sie Ihr wahres Ich verleugnen, es verdrängen, dann wird es sich im Unterbewusstsein verstecken. Dann ist es zwar aus der Schusslinie des Verstandes, des kontrollierenden Bewusstseins – aber es ist nicht wirklich verschwunden.

Es beeinflusst uns weiter, und – was noch schlimmer ist – es wird leicht durch fremde Gedanken und Gefühle angeregt.

Vorsicht, wenn Gruppen- und Massengefühle unwiderstehlich werden

Wenn Menschen zusammen kommen, vermischen sich ihre Mentalen Felder. Dann kann es geschehen, dass aus vielen einzelnen Feldern ein gemeinsames wird – und das kann gigantisch und stark sein. *Denn ein Gruppenfeld ist mehr, als die Summe seiner Einzelfelder.*

Wenn wir etwas gemeinsam tun, dann entwickeln wir nach anfänglicher Schnupperzeit so etwas wie ein gemeinsames Bewusstsein – ein „Gruppenbewusstsein".

Solch ein gemeinsames räumliches Mentales Feld bildet sich von selbst, wenn erst einmal ein Minimum an Vertrauen da ist. Dann gleichen sich die verschiedenen Menschen gegenseitig an, und das heißt nichts anderes, als dass ihre Gehirne, ihr Bewusstsein, ihre Mentalen Felder in Resonanz sind.

Alle Massenphänomene haben auch mit räumlichen Mentalen Feldern zu tun.

Paniken und Massenhysterien sind die negativen Beispiele. Hier herrscht Angst, heftige Angst, die sich in einem gewaltigen, intensiven mentalen Feld ausdrückt und um sich greift. Jeder wird angesteckt und irrationale Ängste überschwemmen das Bewusstsein.

Klarheit, Übersicht, Nachdenken? Weit gefehlt. Der Einzelne geht unter im Massenmenschen, wird niedergewalzt ... überrannt ... gleichgeschaltet. Niemand kann sich auf Dauer solchen Bombardements riesiger Mentalfelder widersetzen. Der Intellekt versagt, Gefühle toben sich ungehemmt aus – das Tier im Menschen erwacht.

Auch hier ist das Massenfeld viel stärker, gigantischer, mächtiger, als die Summe seiner Einzelfelder.

Was schrecklich ist im Negativen, das suchen viele Menschen im Positiven: das Aufgehen in großen Gefühlen, das Baden im Massenemotionen, die gewaltig und stark sind. Und weil sie stark sind, sind sie auch *stärkend* ... machen jeden, der sich in diesem mentalen Feld aufhält, scheinbar größer, mächtiger...

Wer Großkonzerte, Massenkundgebungen oder Sportveranstaltungen besucht, wird wissen, was ich meine. Warum fühlen wir uns „gut" dabei? Weil sich unser eigenes Bewusstsein weitet, weil Gefühle gleichgeschaltet werden, *weil wir glauben, es sind auch unsere Gefühle, die wir intensiv erleben.*

Wir lassen uns gern und freiwillig anstecken von dem starken Massenfeld, das so real räumlich gegenwärtig ist, wie die Mentalen Felder der einzelnen Menschen. Wir erleben alles intensiver, verstärkt durch Vervielfältigung...

Im kleineren Maßstab ist auch die „gute Stimmung" bei einer Feier „nur" die angenehme Resonanz verschiedener Mentaler Felder. Immer das gleiche Spiel: Gehirne kommen in Resonanz, teilen ihre Projektionen mit anderen Gehirnen, bringen sie auf einen gemeinsamen Nenner – und die Stimmung ist gut...

Fassen wir kurz zusammen:

1. Bewusst und unbewusst sind die beiden Seiten der gleichen Münze: es ist das gleiche Selbst, das sich in einen bewussten und unbewussten Bereich trennt.
2. Wir sind nur im bewussten Bereich wach, aber ständig erreichen Einflüsse fremder Mentalfelder unser Selbst, die uns nicht bewusst werden.
3. So bilden wir ständig einen Rapport zu anderen, über den wir uns wechselseitig beeinflussen.

4. Nicht immer ist dieser Einfluss positiv für uns. Nur durch Wachsamkeit und mentale Unabhängigkeit erkennen wir negative Einflüsse.
5. Wenn wir nicht selber unser Leben, unser Denken und Fühlen bestimmen, werden es andere tun durch ihre Mentalen Felder, die uns bombardieren.
6. Es ist Zeit, die Verantwortung für das eigene Leben in die Hand zu nehmen.

6. Manipulation – oder: kann ein Rapport erzwungen werden?

Vorsicht ... gezielter Missbrauch!

Vertrauen ist gut und wichtig – aber verschenken Sie es nicht wahllos! Denn Vertrauen kann missbraucht werden, und was noch schlimmer ist: es kann auch „erzeugt" werden. Andere können sich mit miesen Psycho-Techniken in Ihr Vertrauen einschleichen. Sie nisten sich in Ihrem Innenleben ein, um Sie zu manipulieren. Für ihre eigenen Interessen.

Klar ist: Ohne Vertrauen keine erfolgreiche Beziehung. Denn Hand aufs Herz: würden Sie einen Gebrauchtwagen von jemandem kaufen, der den Eindruck eines verschlagenen Betrügers macht?

Vertrauen verbindet uns.

Auf natürliche Weise geschieht dies bei Mutter und Kind: eine Verbindung voller Urvertrauen. Vertrauen hat was mit Öffnen zu tun. Fehlt Vertrauen, geben wir uns nicht preis. So wird es auch dem besten Hypnotiseur nicht gelingen, seine Versuchsperson in Trance zu versetzen, wenn sie kein Vertrauen zu ihm hat.

Wollen Sie jemanden durch Ihre Gedanken oder durch Ihr mentales Feld beeinflussen, bleibt jede Mühe vergebens, wenn der andere zu Ihnen kein Vertrauen hat. Gedankenübertragung ist auch eine Verbindung von Unterbewusstsein zu Unterbewusstsein *... und wenn das Unterbewusstsein des anderen Sie für einen Ganoven hält, sperrt es sich gegen Ihren Einfluss.* Ihr Verstand mag weiterhin telepathische Botschaften senden: sie verhallen ohne Wirkung.

Wie gewinnt man das Vertrauen anderer?

Vertrauen kann man nicht herbei reden. Vertrauen ist ein Gefühl, eine Empfindung, etwas, das wir spontan spüren. Angenommen, Sie begegnen einem Monster. Es ist hässlich, ekelhaft, es macht seltsame Bewegungen - hätten Sie Vertrauen zu ihm?

Sicher nicht. Nicht nur, weil es hässlich aussieht, sondern vor allem, weil Sie es nicht kennen. Sie wissen nicht, was dieses Wesen für Sie bedeutet - kurz: Sie wissen nicht, ob es eine Gefahr für Sie sein könnte.

Es ist grundsätzlich so: *Wir vertrauen nur dem, was keine Gefahr für uns bedeutet.*

Wenn wir spüren: da ist keine Gefahr für mich... dann öffnen wir uns. Dann ist keine Ansprache mehr nötig, damit wir Vertrauen zu anderen haben. Sagt uns die Ausstrahlung des Mentalen Feldes eines Menschen: „Ich mag Dich ... ich werde dich nicht verletzen ... ich bin keine Gefahr für Dich...", dann spüren wir dies - vielleicht nur unbewusst, aber wir spüren es. Ganz von selbst.

Und wir vertrauen dem anderen.

Andersherum gilt das Gleiche: Wollen Sie andere übers Ohr hauen und deren Vertrauen missbrauchen, kann es sein, dass andere Ihre wahren Absichten *spüren* - weil Sie die in den Raum senden. Sie kommunizieren damit. Dann werden Sie vielleicht den Verstand anderer überzeugen, aber die sind trotzdem misstrauisch gegen Sie - auch wenn sie nicht erklären können, warum...

Dieser erste, spontane Eindruck hat allerdings einen Nachteil: er ist oft schwach und wird deshalb leicht übersehen. Man will es nicht wahrhaben, traut seiner eigenen Intuition nicht – nach dem Motto: Schweig still, du dummes Gefühl! Der Verstand hat ja noch keinen Grund, zu urteilen. Also weg mit irrationalen, „dummen" Vorurteilen...

Ein verbreitetes Verhalten – leider.

Denn wie so oft kann der Verstand leicht getäuscht und irregeführt werden. Und im Falle einer Vertrauensbildung ist das ebenso leicht, wie es tragisch ist. *Unser feines Gespür für das Mentale Feld anderer wird oft durch deren Körpersprache übertönt.*

Weil die optischen Signale zunächst stärker wirken. Sie springen uns eher ins Auge – und unser Gehirn, das vor allem unser Überleben will, reagiert prompt darauf. Dann kann es geschehen, dass aufkeimendes Misstrauen („Mit dem stimmt etwas nicht....") durch Signale überdeckt wird, die uns sagen sollen: „Du kannst mir vertrauen!".

Das Gebiet der Manipulation beginnt

Wer hat das Recht, andere zu seinem eigenen Vorteil zu beeinflussen, und zwar gegen deren Einverständnis?

Eigentlich niemand, aber es wird dennoch ständig versucht. Häufig mit Erfolg – und deshalb sollte jeder wissen, dass es gegen unerwünschte, heimliche Manipulation nur ein Mittel gibt: Wissen! Nur wenn wir die miesen Absichten anderer durchschauen, und nur wenn wir wissen, welche Mittel der andere einsetzen kann, können wir das üble Spiel durchkreuzen.

Nehmen wir ein Beispiel.

Kollege Müller ist ehrgeizig: er will unbedingt auf der Karriereleiter nach oben springen – wenn es sein muss, auf Kosten der anderen. Sein verbogener Charakter findet es ganz normal, die anderen für seine persönlichen Ziele auszunutzen, und so beschließt er, das Vertrauen der anderen zu gewinnen und – wenn es denn nicht anders geht – auch zu missbrauchen.

Kollege Müller weiß: ohne Vertrauen, ohne Wohlwollen der anderen wird nichts gehen. Wenn niemand ihm über den Weg traut, wenn alle stets auf der Hut vor ihm sind, wenn sie nicht wissen, ob er Freund oder Feind ist, kann seine Absicht nicht gelingen. Wir leben nun mal nicht für uns allein auf einer Insel. Wir brauchen immer irgendwann und irgendwo die anderen.

Müllers Kollegen wissen nichts von seinen Absichten, und er will dafür sorgen, dass das so bleibt. Niemand soll ahnen, dass Kollege Müller das ist, was man gewöhnlich ein „Arschloch" nennt. Im Gegenteil: sie sollen spontan und ohne nachdenken Vertrauen zu ihm haben. Und zwar so, dass sie nicht einmal begründen können, warum sie es haben.

Was wird Kollege Müller tun?

Wir wissen: Vertrauen bildet sich im Unterbewusstsein eines Menschen, nachdem er Botschaften, Signale und Informationen aufgenommen hat, die seinem Unterbewusstsein sagen: Keine Gefahr! Alles in Ordnung! Sicherheit gewährleistet!

Auch Kollege Müller weiß das, und deshalb ist seine Strategie klar:

Kollege Müller suggeriert mit NLP-Techniken Vertrauen...

Falls Sie es noch nicht kennen: NLP ist ein Sammelsurium verschiedener Techniken, um auf subtile Weise mit anderen zu kommunizieren. Ich will hier nicht weiter darauf eingehen, aber was Kollege Müller jetzt einsetzen wird, ist ein besonderer Bereich des NLP: das so genannte „Spiegeln".

Beobachten Sie einmal, wie miteinander vertraute Menschen zusammen stehen, wie sie miteinander sprechen. Achten Sie auf ihre Gesten und Verhaltensweisen. Sie werden überrascht sein, wie oft die Vertrauten sich synchron verhalten. Sie nehmen gleiche Haltungen ein, machen vielfach die gleichen Gesten oder sprechen auf gleiche Weise.

Keiner der Beteiligten merkt es bewusst. Es geht ganz von selbst. Sobald sich Menschen verstehen oder miteinander vertraut sind, verhalten sie sich teilweise wie synchronisiert.

Verliebte gleichen sich meist noch stärker an: sie übernehmen nach und nach auch das Gedankengut des anderen oder passen sich seinem Kleidungsgeschmack an - ja über Jahre hinweg verändern sich manche Liebende sogar äußerlich.

Alles das ist natürlich und tritt spontan in Erscheinung. Aber – und jetzt setzt die Manipulation ein – es kann auch künstlich hervorgebracht werden. Zum Beispiel durch die Technik des „Spiegelns". Diese NLP-Technik heißt so, weil wir dabei das Verhalten unseres Gegenüber sozusagen absichtlich widerspiegeln. Wir machen also das, was normalerweise erst durch vorhandenes Vertrauen entsteht, schon im Voraus: wir stehen wie der andere, wir machen Gesten wie er, wir lehnen uns nach hinten, wenn er sich nach hinten lehnt – und so weiter.

Das lässt sich beliebig erweitern ... bis hin zum Sprechtempo, der ganzen Art zu reden, zur Stimmlage, zur Art und Weise sich auszudrücken. Damit führen wir bewusst und absichtlich das herbei, was sich normalerweise bei natürlichem Vertrauen von selbst einstellen würde: das ähnliche, ja oft gleiche Verhalten zueinander.

Kollege Müller spiegelt also andere, um deren Vertrauen zu gewinnen.

Wenn er es einigermaßen geschickt macht, werden die anderen es nicht merken. Weil sie nicht damit rechnen. Das Gehirn seiner Kolleginnen und Kollegen merkt nur eins: was Müller tut, wie sich äußert, wie er spricht, all das ist gewohnt und vertraut, das kennen sie von sich selbst ... also ist Müller wie sie selbst - *und ganz von selbst vertrauen Sie ihm.*

Damit Sie sein fieses Spiel nicht merken, spiegelt Müller das Verhalten der Kollegen sehr unauffällig. Schließlich fällt es auf, wenn uns jemand nachäfft. Dann fassen wir kein Vertrauen zum anderen, dann fühlen wir uns veralbert! Deshalb spiegelt Müller auch mal seitenverkehrt oder zeitlich verzögert.

Sie müssen sich klar machen, worauf es eigentlich beim Spiegeln ankommt: dass die gleichen Verhaltensweisen gezeigt werden, die auch der andere hat - die und keine anderen. Ob das nun zeitgleich geschieht oder nicht, ist gar nicht so bedeutend.

Beim Erschleichen von Vertrauen geht es nur darum, anderen Gehirnen zu signalisieren: ich bin wie Du ... das ist alles.

Mit der Technik des "Spiegelns" kann sich jeder in Ihr Vertrauen schleichen!

Wer sich genauso verhält, genauso steht und redet, wie Sie selber, der signalisiert Ihrem Gehirn: „Du kannst mir vertrauen, ich bin wie Du!". Und genau das will Ihr Gehirn wissen, weil es damit Ihr Überleben sichern kann, Kann es nicht einschätzen, ob Menschen oder Situationen Ihnen gefährlich werden können, wird es misstrauisch ... und das Unbekannte macht Ihnen dann vielleicht sogar ein wenig Angst.

Nur weil unser Gehirn nach Sicherheit strebt, können die Manipulationen des NLP wirken. Sicher fühlen wir uns in dem Umfeld und mit den Menschen, die uns vertraut sind. Und was könnte uns wohl noch vertrauter sein, als unsere eigenen Gedanken, Gefühle und Verhaltensweisen?

Kollege Müller hat noch einen Vorteil: wir beobachten das Verhalten anderer meist gar nicht so genau. Das scheint für die Absichten eines Spiegeltechnikers ungünstig zu sein, ist es aber nicht: *auch wenn wir nicht bewusst merken, dass ein anderer uns spiegelt, wirkt es trotzdem!* Weil wir unser Gegenüber auch unbewusst wahrnehmen. Unser Gehirn erkennt alle Signale und Botschaften, die von anderen ausgehen - nur unser Bewusstsein erfährt nicht immer etwas davon!

Gegen solchen Missbrauch Ihres Vertrauens hilft vor allem eins: Wissen und Wachsamkeit. Wenn Sie die Techniken nicht kennen, können Sie leicht davon überrumpelt werden. Aber selbst wenn Sie alles darüber wissen, ist es noch sehr schwer, sich dagegen zu wehren. *Die Waffe des Spiegelns wirkt auch dann, wenn sie durchschaut wird!*

Das mag seltsam klingen, ist aber so. Es ist wie bei Komplimenten: auch wenn wir wissen, dass sie aus Berechnung gegeben wurden, bleibt etwas hängen. Unser Kopf sagt: alles Lüge, aber der Bauch glaubt trotzdem ein wenig daran.

Wissen allein reicht also nicht immer. Wir können diese künstliche Vertrauensbildung nur schwer verhindern, obwohl wir ihre Entstehung durchschaut haben. Weil es um Gefühle geht. Vertrauen ist keine Funktion unseres Verstandes. Es kommt aus dem „Bauch", entspringt unterbewussten Ebenen. Unser Intellekt durchschaut den Ursprung vielleicht, kann ihn aber seine Wirkung nur schwer verhindern.

Der gewiefte NLP-Spiegeltechniker weiß das auch, und er trickst andere Gehirne durch derartige Techniken aus, egal, ob es den anderen passt oder nicht...

Es ist nun mal so: Begegnen Ihnen in der Außenwelt Ihre persönlichen Eigenarten wieder - und sei es nur, weil jemand anderer sie vortäuscht und Ihnen als „Spiegel" vorhält - dann begegnet Ihr Gehirn praktisch seiner eigenen Art. Sie erkennen im anderen sich selbst und haben spontan ein gewisses Vertrauen zum anderen.

Sofortmaßnahmen also: Lassen Sie sich nicht von Umständen überrennen, sondern passen Sie einfach auf. Wehren Sie den Anfängen! Wenn Sie wieder einen Termin, eine Besprechung oder Verhandlung mit jemandem haben, dann beobachten Sie genau:

Spiegelt Ihr Gegenüber vielleicht Ihre Gesten, Ihre Sitzart, Ihre Haltung?

Reagiert er nur auf Sie, oder hat er ein wirklich eigenständiges Tun und lassen?

Denken Sie auch daran, dass man nicht nur direkt, sondern auch über kreuz, also seitenverkehrt oder auch mit Verzögerung spiegeln kann. Es kommt allein darauf an, ob die Summe seines Verhaltens reichhaltiger ist, als Ihres. Wenn ja, bringt er offenbar viel eigenes Verhalten in die Kommunikation ein - er spiegelt möglicherweise gar nicht.

Und noch eins: es kann natürlich auch Zufall sein, wenn Sie jemand spiegelt. Vielleicht macht er es unwillkürlich, weil Sie ihm tatsächlich sympathisch sind. Also auch nicht zu voreilig urteilen.

Prüfen Sie es im Verlauf der weiteren Gespräche einfach nach, wenn tatsächlich ein Gefühl von Vertrautheit zwischen Ihnen beiden entsteht. Und dann seien Sie auf der Hut! Denn Vertrauen kann mehr sein, als nur das Gefühl von Sicherheit und Gefahrlosigkeit.

Lohnt es tatsächlich, andere zu spiegeln, nur um deren Vertrauen zu gewinnen?

Schon dran gedacht?

Ein verführerisches Vorgehen: Vertrauen wecken mit banalen Psycho-Techniken, *dann auf der Basis dieses Vertrauens auf andere Mentale Felder einwirken, den eigenen Einfluss um eine unsichtbare Dimension erweitern...*

Vertrauen ist Grundlage für jeden Rapport. Die meisten von uns glauben ja, dass Kommunikation vor allem „Reden" bedeutet. Sie ahnen nicht einmal, dass wir auch mit Gedanken oder Gefühlen kommunizieren, weil unser Bewusstsein in Resonanz mit anderem Bewusstsein kommen kann.

Aber Rapport wird schnell auch ein Rapport Mentaler Felder.

Wenn also Vertrauen einen Rapport herstellt, kann Vertrauen auch die Grundlage sein *für verstärkten Einfluss eines Bewusstseins auf ein anderes*. Ob dies bewusst geschieht oder unbewusst ist für das Ergebnis zweitrangig. Sicher – es ist nicht sehr wahrscheinlich, dass jemand gezielt und bewusst Ihren Geist beherrschen will, indem er das Resonanzband zwischen Ihnen beiden verstärkt. Aber es ist nicht ausgeschlossen.

Hüten Sie also Ihr Vertrauen. Verschenken Sie es nicht wahllos. Passen Sie vor allem auf, wie es entstand – und denken Sie daran: der Einfluss eines anderen Mentalen Feldes auf Sie wächst mit dem Grad Ihres Vertrauens zum Träger dieses Feldes.

Das ist der Knackpunkt.

In fast allen Fällen ist das Spiegeln, so wie es heute manipulierend eingesetzt wird, eher oberflächlich. Es soll lediglich Vertrauen wecken, mehr nicht. Dass dadurch auch Resonanzen zwischen Mentalen Feldern erzeugt und verstärkt werden können, ist den meisten völlig unbekannt. Die meisten wollen nur Vertrauen herstellen, um durch Worte besser überzeugen zu können – aber auch dafür sind die Spiegeltechniken des NLP keine Zaubermittel!

Auch wenn viele das glauben.

Natürlich bleibt es eine starke „Waffe" in der Kommunikation, aber die große Wirksamkeit dieser NLP-Technik sollte uns nicht verführen, das Wesentliche aus dem Blickfeld zu verlieren: *Wenn die tatsächliche Ausstrahlung unseres Mentalen Feldes wenig Vertrauen erweckt bei anderen, dann nutzt sich die Waffe des Spiegelns schneller ab, als uns lieb ist.*

Dann wirken wir sehr schnell nicht mehr Vertrauen erweckend, sondern einfach nur anbiedernd.

Wenn unser sichtbares Verhalten und unser unsichtbares Innenleben im Widerspruch zueinander stehen, werden andere statt das erwartete Vertrauen nur ein *ungutes Gefühl* entwickeln - und sie werden diesem Gefühl vertrauen! Vielleicht nicht gleich. Vielleicht baut sich anfangs tatsächlich erst ein gewisses Vertrauen auf. Aber mit der Zeit wirkt unser Mentales Feld so stark auf die anderen, dass sie unser wirkliches Innenleben, unsere wahren Absichten, Gedanken und Gefühle spüren.

Dann wird unser gespiegeltes Verhalten ganz von selbst zur Lüge...

Fassen wir kurz zusammen:

1. Unser Gehirn will vor allem unser Überleben.
2. Darum warnt es vor allem, was uns fremd und unbekannt ist. Wir fühlen diese Warnung als Furcht, Abneigung oder Misstrauen.
3. Begegnen wir anderen, die sich wie wir verhalten, sagt unser Gehirn: „Keine Gefahr! Der andere ist wie ich"
4. Mit den „Spiegeltechniken" des NLP können andere unser Verhalten unauffällig imitieren und dadurch unser Gehirn austricksen. Wir fühlen dann spontan Vertrauen zum anderen, ohne genau zu wissen warum.
5. Dieses Wissen kann manipulierend eingesetzt werden, um Vertrauen zu erzeugen als Basis für weitere Beeinflussungen.
6. Längerfristig kann es allerdings Probleme geben: unser Mentales Feld sendet unsere wahren Absichten aus, wodurch andere das Spiegeln früher oder später durchschauen können.

7. Gedankenübertragung ist nichts Besonderes...

Wenn Sie das Buch bis hier gelesen und verinnerlicht haben, wissen Sie: auch wenn jeder von uns sein eigenes Gehirn hat und wenn wir deshalb unsere „eigenen" Gedanken im Kopf spüren, sind diese Gedanken nicht immer unsere eigenen Geschöpfe, sondern oft nur Reproduktionen fremder Gedanken.

Das ist die zentrale Botschaft dieses Buches.

„Gedankenübertragung" durch die Resonanzeffekte Mentaler Felder ist tatsächlich nichts Besonderes. Sie ist alltäglich und allgegenwärtig. Sie ist keinesfalls die Fähigkeit besonders Begabter, sondern wir alle erleben telepathischen Gedankenaustausch seit unserer Geburt. Wir haben es nur nicht als solches erkannt.

Natürlich gibt es auch bei der Gedankenübertragung besonders Begabte, überdurchschnittlich Geschickte und wahre Künstler. Das ist überall so. Nicht jeder beherrscht alles gleich gut, aber für jede Meisterschaft ist der erste Schritt, sich mit dem Thema auseinander zu setzen. Erst dann werden die eigenen Fähigkeiten entdeckt und die Möglichkeiten und auch Grenzen ihrer Nutzung erkannt.

Bei dieser ersten Auseinandersetzung sollte dies Buch helfen. Möglichst sachlich und ohne Forderung nach blinden Glaubensbekenntnissen. Es ging um die „allgemeine Telepathie", um das gewöhnliche tägliche Wechselspiel Mentaler Felder – mehr nicht. Aber wer verinnerlicht hat, dass sein Bewusstsein so real im Raum ist, wie das Magnetfeld eines Magneten, der hat mehr getan, als nur neues Wissen konsumiert: er hat sein Weltbild korrigiert.

Auch dieser Paradigmenwechsel war beabsichtigt.

Denn der Glaube an den Geist im Kopf ist wie der Glaube an die Erde als Scheibe. Aber wer sein Bewusstsein einmal als *Mentales Raumfeld* erkannt und erlebt hat, der hat diesen alten Glauben für immer verlassen. Er kann nicht mehr zurück. Für ihn wurde die Erde zur Kugel – und sie bleibt es für den Rest seines Lebens, es sei denn er belügt sich vorsätzlich selbst...

Es ist nicht egal, was Sie denken und fühlen, während Sie kommunizieren!

Denn ob Sie verhandeln, etwas verkaufen, präsentieren oder andere überzeugen wollen: Ihre „geheimen", unausgesprochenen Gedanken färben Ihr Mentales Feld, und Ihr Mentales Feld erzeugt Resonanzen mit dem Gehirn Ihres Gegenüber, *und nichts kann verhindern, dass Ihr Feld mit dem Ihres Gegenüber kommuniziert.*

Das ist die zwingende Erkenntnis.

Die Bedeutung ihrer Gedanken für ihre privaten und geschäftlichen Beziehungen wird von den wenigsten Menschen erkannt. Das zeigt sich schon, wie diese Beziehungen „gepflegt" werden. Was tun wir gewöhnlich für ein besseres Zusammenleben, für effektiveren Umgang miteinander? Wir trainieren unsere Sprache, unseren Ausdruck, üben rhetorische Spitzfindigkeiten, korrigieren unsere Körpersprache, unsere Haltung – kurz: wir tun alles, um unsere *äußerliche* Wirkung auf andere zu verbessern. Dass es auch eine Wirkung unseres Bewusstseins auf andere gibt, kommt praktisch niemandem in den Sinn.

Aber Sie wissen jetzt, dass wir nur scheinbar voneinander isoliert sind. Unser Geist ist nicht mehr allein der Bewohner unseres Kopfes mit den Gedanken als Begleiterscheinungen der Hirntätigkeit. Wir haben das Bewusstsein aus seinem Hirngefängnis befreit, wir haben unseren Geist mit seinen Gedanken, Wünschen,

Fantasien und Absichten aus der Flasche gelassen – und jetzt sieht alles anders aus.

Wir wissen jetzt: Denken breitet sich als unsichtbare Form im Raum aus und sucht seinesgleichen, weil es sich erhalten will. Es versucht durch Resonanz mit ähnlichen Gedankenformen, sich selbst zu verstärken, zu multiplizieren und zu verbreiten.

Berücksichtigen Sie das und Sie können Ihre Kommunikation tatsächlich um eine Dimension erweitern. Dann wirken Sie *ganz bewusst* nicht nur durch Worte, durch Körpersprache oder durch Psycho-Techniken auf andere ein, sondern *zusätzlich* mit Ihrem Bewusstsein.

Dann gilt es „nur noch" zu bedenken: Jeder von uns „empfängt" gern wohlwollende und positive Gedanken. Weil sie uns stärken und uns gut tun. Sie geben uns Kraft, fördern uns und helfen uns. Wenn Sie also mit anderen reden, dann können Sie Ihre Worte durch positive, unterstützenden Gedanken und Gefühle stärken. Und seien Sie sicher: der andere wird sie „empfangen" – wir wissen inzwischen, wie das „geht" – und er wird mit Wohlwollen Ihnen gegenüber reagieren.

Natürlich geht es nicht um das bisschen Selbstdisziplin, echt zu sein in den Kontakten mit anderen! Wenn Sie nur wollen, dass der andere geheuchelte Gefühle als echt empfindet, dann erzeugen Sie in seinem Unterbewusstsein Widerspruch ... und er wird misstrauisch. Unbedingte Echtheit ist deshalb wichtig. Täuschen, lügen wollen oder etwas Vormachen kann wohl das Auge des anderen täuschen, nicht aber sein Mentales Feld!

Wenn Sie also Abneigung fühlen gegen Ihren Gesprächspartner und sie nicht ablegen können, wird der andere sie spüren. Früher oder später. Zunächst nur unbewusst, und doch baut sich eine unsichtbare, aber „reale" Mauer zwischen Ihnen und Ihrem Gegenüber auf. Dann überzeugen Sie nicht so richtig ... Misstrauen bleibt, unbewusste Ablehnung - zuerst Ihrer Person, dann auch Ihren Argumenten.

Warten Sie deshalb mit Verhandlungen und wichtigen Gesprächen, bis Sie innerlich zumindest neutral sind. Versuchen Sie es wenigstens. Das wird Ihnen zwar nicht unmittelbar helfen, aber es verhindert Schaden!

Training und Disziplinierung der eigenen Gedanken und Emotionen ist etwas, das Ihnen niemand abnehmen kann. Kein Rezept, keine Gebrauchsanweisung und kein Tricks können Ihre Gedanken und Gefühle so verändern, dass andere sie gern „empfangen". Nur Sie selbst können bestimmen, wie Ihr Mentales Feld beschaffen ist!

Aber die Mühe, es mit positiven, aufbauenden und vor allem wohlwollenden Inhalten zu füllen, wird immer belohnt. Sie werden plötzlich entdecken, dass Ihre bisherigen scheinbar 100%igen „Erfolge" in der Kommunikation in Wahrheit nur 90%ige Ergebnisse waren.

Erst mit der bewusst eingesetzten Kraft Ihres Mentalen Feldes wird Ihr Bewusstsein Ihre Worte verstärken, statt sie zu unterlaufen. Ihre Gedanken werden dann Ihre Argumente unterstützen, statt im anderen Unterbewusstsein Raum für leise Zweifel zu lassen. Und Ihre Gefühle werden wirkliche Verbundenheit schaffen, statt misstrauische Abwehr zu schüren.

www.ingramcontent.com/pod-product-compliance
Lightning Source LLC
Chambersburg PA
CBHW050843160426
43192CB00011B/2126